太极文化与中华龙文化的历史渊源

周石松 编著

中华文化源远流长
炎黄子孙共祖同根
朗朗乾坤厚德载物
国家兴旺匹夫有责

周石松

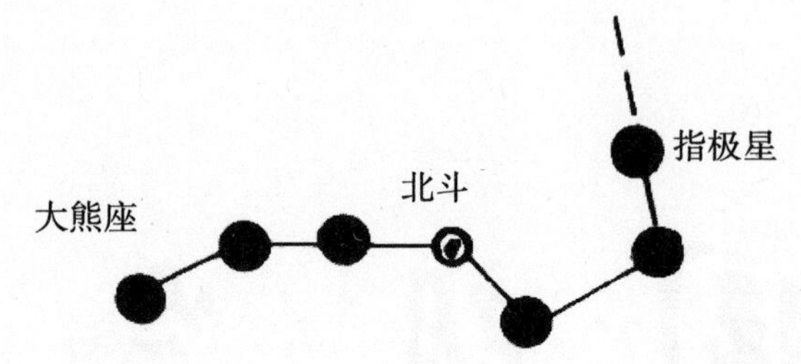

天體運行八卦圖

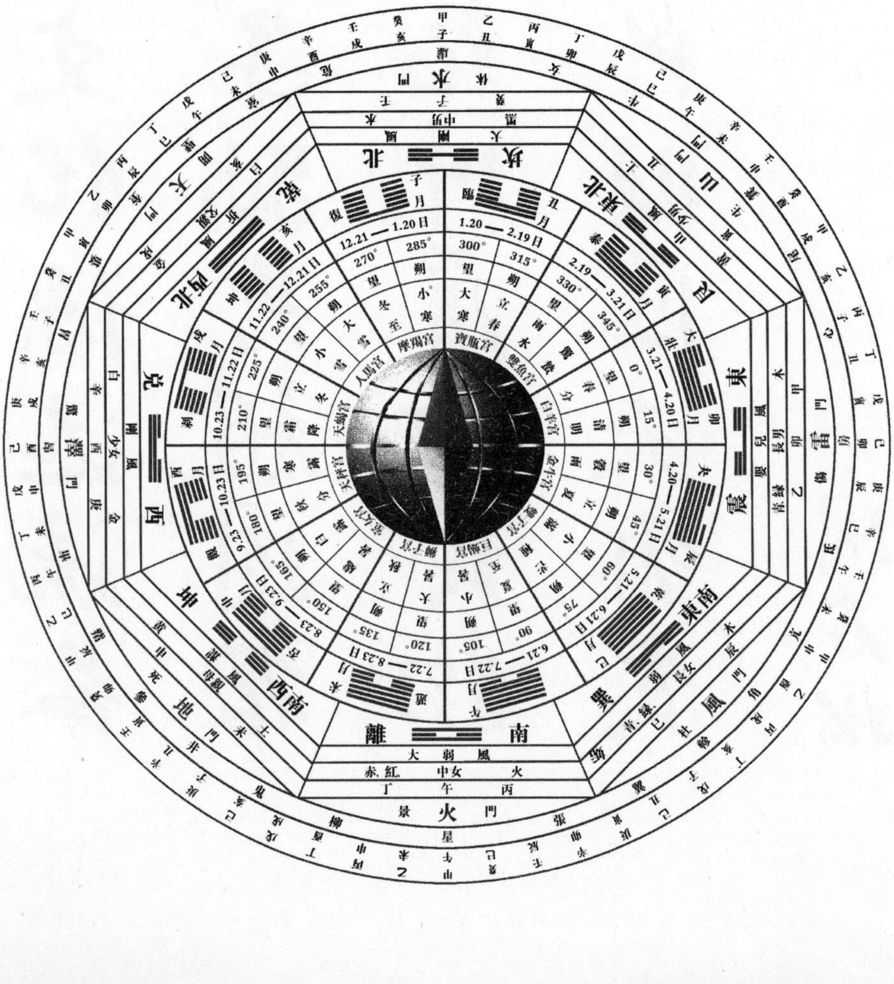

前言

我们就要走进太极八卦文化与中华龙文化殿堂了！这里是迷惘交织的天地，但不是海市蜃楼，这里是智慧凝结的世界，但不是百慕大三角。“表灵物莫赏，蕴真谁为传”，只要我们有智、有识、有勇，我们就能敲开这座迷宫，领略到无穷的奥妙。一个没有文化的民族是令人遗憾的。中华民族以其悠久、灿烂的文化而感到自豪。炎黄子孙生活在幅员辽阔的远东大陆，创造了独特的太极八卦文化与龙文化。《周易》是最早解释太极八卦与龙文化的书籍，因而成为“群经之首，六艺之源”的大著作。

伏羲画“八卦”，文王演《周易》，开创了中华民族文化之端。数千年来，被尊为群经之首，历经夏商周，春秋、战国、秦代、西汉、东汉、三国、西晋、东晋、宋魏、齐魏、梁东魏西魏、陈齐周、隋、唐、五代十国、辽北宋西夏、金西夏、南宋、元、明、清，直至现代文明的演化发展，“八卦”蕴藏着唯物观点和朴素的辩证法思想，其象、数、理、字，更是中国古代一切科技及哲学思想之源。我们中华民族向来以“八”为吉祥数字，俗语云：“要得发，不离八”，“天有八风”，“地有八方”，“神有八仙”，“人有八字”，文章得写成八股。在“八”的观念中，最神奇的是“八卦”，军事上有八卦阵，武术中有八卦掌，饮食中有八卦汤，华夏祖先留给后代子孙最珍贵的就是“太极八卦图”。

《周易》因解释太极八卦与龙文化还走出国门，在世界各地受到尊重。早在1626年，法国的传教士金尼阁就把《周易》译成拉丁文。18世纪以来，法国传教士宋君荣把《周易》译成法文，英国传教士利雅格把《周易》译成了英文，德国传教士卫礼贤把《周易》译成了德文。此外，《周易》还有俄文、荷兰文、丹麦文、意大利文、西班牙文、南斯拉夫文等译著。这些译著使《周易》在国外得到广泛的传播，便利了外国学者对《周易》的研究。美国哲学家卡普拉在《现代物理学与东方神秘主义》一书中还把《周易》与《圣经》相提并论。如今，美国还成立了"国际易经学会"、美国"易经研究会"、美国"易经考古学会"，还办有"周易网罗报"。太极八卦与龙作为一种文化现象，它将在人类文明中产生深远的影响。特别是"太极生两仪，两仪生四象，四象生八卦"的数字演化程序导出了二进制，"八卦"被誉为"世界计算机之母"。现在，韩国政府使用的国旗图案、新加坡空军的机徽标记、国际出版公司的广告标记、丹麦物理学家玻尔获得的诺贝尔奖的徽章都是太极八卦图形。应该说，太极八卦文化与龙文化是中国走向世界的文化标志。当今，海内外兴起的"太极八卦"文化热经久不衰，使"八卦"在人类文化之林尽显风骚，风靡全球，这是世界文化的奇迹，也是中华民族的骄傲。现在，我们可以断言，由太极八卦与龙而引发的文化现象，还将在人类文明中产生更加深远的影响。

由于此书是写太极文化与中华龙文化的历史渊源，即《天体运行八卦图》与龙文化的内容，因而我们首先就要了解太极八卦的宇宙观是怎样形成的。《周易》云："易有太极生两仪，两仪生四象，四象生八卦"。这段文字是对宇宙起源及演化的认识，奠定了中华民族的宇宙观。一阴一阳谓之道，大化流行，生生不息，万物变化日新。整个宇宙都是运动的，也是物质的。天地山泽雷风火水八种物质构成了宏大的宇宙。中华易学以宇宙为阴阳合体，从而解释天地人之间相互相承的和谐关系。历史上，我国汉代就以阴阳代指日月运转的天体学。因为天体是运动的，所以太极八卦图用两条阴阳鱼组合成动态性图案。八卦中的太极是指宇宙空间，两仪为天地，四象即春夏秋冬四季。四季的产生就反映了太阳、月亮、地球的周年视运行规律。也反映了北半球的白天就是南半球的晚上,南半球的白天就是北半球的晚上的阴阳运行规律。这一运行规律在乾坤爻变十二消息卦(十二月卦)中就得以体现。太极八卦图是上古时代的天文地图,亦称《天体运行八卦图》,而龙在乾坤卦中出现,就使龙成为天地化生万物的缩影之龙,同时承载着"替天行道"的使命。太极八卦文化与龙文化是中华民族历经长时期的文明演化,而创立的一种独特的文化体系,为世代传承。历史发展到二十一世纪的今天,人们应该更多地了解太极八卦文化与中华龙文化的重大意义所在,这也是我写此书的目的所在。

目录

第一部分　天体运行八卦图

第二部分 中华龙文化

第一部分

天体运行八卦图

天体运行八卦图

《天体运行八卦图》综合伏羲先天八卦图、文王后天八卦图中的天地人物象，以干支定向卦为依据划分地平方位，即上北下南，右东左西，以子午为经线，卯酉为纬线表示，符合现代地图的设计规范。

图中反映了八卦、十二月卦的阴阳爻变化，与太阳、月亮、地球的周年视、周日视运行规律相应，从而展示了六十甲子、二十八星宿、北斗七星、二十四节气、西方十二星座以及“龙”在八卦中的时空定位，并显示出国际格林尼治时间与中国农历时间的对应，可直观每个人出生时间在星座中的位置，形成一个天、地、人相互运行的网络系统。

全图由十五层内容组成。

第一层　地球

地球是人类赖以生存的唯一有生命的天体。地球是一个球体，地球的球心叫地心。地球自转，就是地球的旋转；地球自转的轴线叫地轴。地轴通过地心，同地面相交于两点，这两点叫地极，即地球北极和地球南极，合称地球两极。

地球上的经线和纬线，都是地面的圆。在地球上，北南线就是经线，即子午线。一切经线都相匀于南北两极。因此，向北就是向北极，向南就是向南极。一切经线都是半圆，都是有起点和终点的，它们的起点和终点就是南北两极。因此，南北方向是有限方向。

人们沿地球大圆向北的旅行，如果要继续向前，就自然而然地变成向南旅行。这是因为，地球北极是向南的起点，那里只有向南，而没有任何其它方向。同理，一个地点只能位于另一地点的南方或北方，而不能既位于它的南方，又位于它的北方。

东西线同南北线（经线）相垂直，在地面上表现为纬线。一切纬线都是全圆，都是没有起点和终点的。因此，东西方向是无限方向。

地球上的方向，通常是指地平方向，即地平面上的方向。这样的方向，首先是正东、正南、正西和正北，简称东、南、西、北，合称正四向。代表这个方向的是八卦罗盘仪上和地平圈的正东、正南、正西、正北四点，合称四正点。

我国古代定地平方向是用十二地支（子、丑、寅、卯、辰、巳、午、未、申、酉、戌、亥）表示的。这样，十二地支既表示一年十二个月，一日内的十二时辰，又代表地平上的十二方向。

对于太阳来说，这两种定义是一致的。例如，太阳位于正南方（午）的时候，就是一日内的午时正；太阳位于正东方（卯）的时候，就是一日内的卯时正；太阳位于正西方酉的方位时，就是一日内的酉时正；太阳位于正北方子的方位时，就是一日内的子时正。

我国古代的太极阴阳鱼运动图，其实质内涵就是指现在的地球运动，这在乾坤十二月卦的阴阳爻变化中就反映了地球的自转及公转规律，只是图像表示及说法不同而已。

第二层 指南针

指南针，亦称指北针。它是根据地球运动磁场，天然磁铁的指极性生产的一种测量、辨识地平方向的仪器。指南针是一根装在轴上可以自由转动的磁针。磁针在地磁场作用下能保持在磁子午线的切线方向上。磁针利用这一性能，可以辨别地平的南北方向。

在古代，指南针常用于航海、大地测量、旅行及军事等方面。早在战国时期，我们的祖先就开始使用一种叫做司南的罗盘仪，就是现在的指南针。

指南针的发明也为我国古代的丝绸之路，即长安（今天的西安）连接亚洲、非洲和欧洲的商业贸易路线指明方向。它跨越陇山山脉，穿过河西走廊，通过玉门关和阳关，抵达新疆，沿绿洲和帕米尔高原通过中亚、西亚和北非，最终抵达非洲和欧洲，它是一条东方与西方之间经济、政治、文化进行交流的主要道路。由于它的最初作用是运输中国古代出产的丝绸，因此，当德国地理学家 Ferdinand Freiherr von Richthofen 最早在 19 世纪 70 年代将之命名为“丝绸之路”后，即被广泛接受。

应该说，我国指南针的发明为世界文明作出了重大贡献。

第三层 西方黄道十二宫

为表示太阳在周年运动和回归运动中的位置，西方的天文学家按太阳“黄经”把黄道分成十二个弧点，用十二宫（星座）表示每星座跨黄经 30° 。西方的黄道十二宫，各有一个起点，可合称为“黄道十二点”；它们依次称为白羊宫第一点、金牛宫第一点、双子宫第一点、巨蟹宫第一点、狮子宫第一点、室女宫第一点、天秤宫第一点、天蝎宫第一点、人马宫第一点、摩羯宫第一点、宝瓶宫第一点、双鱼宫第一点,并且都使用黄道十二宫的符号。

在黄道十二点之中,最重要的是白羊宫第一点、巨蟹宫第一点、天秤宫第一点和摩羯宫第一点。它们分别相当于我国的春分点、夏至点、秋分点和冬至点。在十二月卦中,节气与西方黄道十二宫有对应关系。这一关系在天体运行八卦图展现。

第四层　二十四节气

二十四节气,是我国古代制立的一种用来指导农事的补充历法。古人根据太阳在黄道上的位置(黄经)变化和地面气候演变次序,将全年划分为二十四个段落,每段约隔半月,分在十二个月里,称二十四节气,节气中有七十二物候。

二十四节气的名称,是随着斗纲所指的地方并结合当时自然气候与景观命名而来的。斗纲,就是指北天中的七颗星,形象似斗为北斗星。第一颗天枢星、第二颗天璇星、第三颗天玑星、第四颗天权星、第五颗玉衡星、第六颗开阳星、第七颗摇光星。

古时,把第一颗星叫魁,第五颗星叫衡,第七颗星叫杓,三颗星合起来叫斗纲,指向太阳在黄道上的位置(黄经)变化,和地面气候演变次序,将周天分为 360° ,自春分起算,春分为 0° ,夏至为 90° ,秋分为 180° ,冬至为 270° ,更进而至春分合成 360° 。

下面将二十四节气的名称、含意作一简要介绍:

立春:斗指东北。太阳黄经为 315° 。其含意是开始进入春天,从这时起，万物复苏，生机勃勃，一年四季从此开始了。

雨水：斗指壬。太阳黄经为330°。这时春风遍吹，冰雪融化，气候湿润，雨水增多，所以叫雨水。俗话说："立春天渐暖，雨水送肥忙"。

惊蛰：斗指丁。太阳黄经为345°。这个节气表示，春雷开始震响，蛰伏在泥土里的各种冬眠动物开始活动起来，这时虫排卵也开始孵化，所以叫惊蛰。谚语云："惊蛰一犁土，春分地气通。"

春分：斗指壬。太阳黄经为0°。春分日太阳在赤道上方。这一天南北两半球昼夜相等，所以叫春分。春分是北半球春季开始。我国大部分地区越冬作物进入春季生长阶段。

清明：斗指丁。太阳黄经为15°。此时农民忙于春耕春种。清明节这一天，有些人家都在门口插上杨柳条，还到郊外踏青，祭扫坟墓，这是古老的习俗。

谷雨：斗指癸。太阳黄经为30°。就是雨水生五谷的意思，由于雨水滋润大地五谷得以生长，所以，谷雨就是"雨生百谷"。谚云"谷雨前后，种瓜种豆"。

立夏：斗指东南。太阳黄经为45°。是夏季的开始，从此气温显著升高，雷雨增多，农作物进入生长旺季的一个重要节气。

小满：斗指甲。太阳黄经为60°。从小满开始，大麦、冬小麦等夏收作物，已经结果、籽粒饱满，但尚未成熟，所以叫小满。

芒种：斗指已。太阳黄经为75°。这时最适合播种有芒的谷类作物，如晚谷、黍、稷等。同时，"芒"指有芒作物如小麦、大麦等，"种"指种子。芒种即表明小麦等有芒作物成熟。芒种前后，我国中部的长江中下游地区，雨量增多，气温升高，进入连绵阴雨的梅雨季节，空气非常潮湿，天气异常闷热，各种器具和衣物容易发霉，所以在我国长江中下游地区叫"黄梅天"。

夏至：斗指乙，太阳黄经为90°。这时，阳光几乎直射北回归线上空。这一天是北半球白昼最长、黑夜最短的一天。从这一天起，进入炎热季节，万物在此时生长最旺盛。所以古时候又把这一天叫做日北至，意思是太阳运行到最北的一日。

小暑：斗指辛。太阳黄经为105°。天气已经很热，但不是最热的时候，所以叫小暑。

大暑：斗指丙。太阳黄经为120°。大暑是一年中最热的节气，长江流域的许多地方，经常出现高温天气。

立秋：斗指西南。太阳黄经为135°。从这一天起秋天开始，秋高气爽，月明风清。此后，气温由最热逐渐下降。

处暑：斗指戊。太阳黄经为150°。这时暑气就要散了。它是温度下降的一个转折点。是气候变凉的象征，表示暑天终止。

白露：斗指癸。太阳黄经为165°。天气转凉，地面水汽结露最多。

秋分：斗指已。太阳黄经为180°。秋分这一天阳光几乎直射赤道，昼夜几乎相等。这一天刚好是秋季九十天的一半，因而称秋分。北半球的秋天是从秋分开始的。

寒露：斗指甲，太阳黄经为195°。寒露是气候将逐渐转冷的意思。这时水气则凝成白色露珠，所以称寒露。

霜降：太阳黄经为210°。天气已冷，开始有霜冻，所以叫霜降。

立冬：太阳黄经为225°。习惯上，人们把这一天当作冬季的开始。冬，是指一年的作物收割之后要收藏之意。

小雪：太阳黄经为240°。气温下降，开始降雪，但还不到大雪纷飞的时节，所以叫小雪。小雪前后，黄河流域开始降雪（南方降雪还要晚两个节气）；而北方，已进入封冻季节。

大雪：太阳黄经为255°。大雪前后，黄河流域一带渐有积雪；而北方，已是“千里冰封，万里雪飘”的严冬。

冬至：太阳黄经为270° 。冬至这一天，阳光几乎直射南回归线，我们北半球白昼最短，黑夜最长，开始进入数九寒天。天文学上这一天是北半球冬季的开始。

小寒：太阳黄经为285° 。小寒以后，开始进入寒冷季节。冷气积久而寒，小寒是天气寒冷、但还没有到极点的意思。

大寒：太阳黄经为300° 。大寒就是天气寒冷到了极点的意思。大寒前后是一年中最冷的季节。大寒正值三九刚过，四九之初。谚曰："冷在三九"。大寒以后，立春接着到来，完成一个年的循环。

注，在二十四节气中有七十二候：

正月

立春：初候，东风解冻；阳和至而坚凝散也。二候，蛰虫始振；振，动也。三侯，鱼陟负冰。陟，言积，升也，高也。阳气已动，鱼渐上游而近于冰也。

雨水：初候，獭祭鱼。此时鱼肥而出，故獭先祭而后食。二候，候雁北；自南而北也。三候，草木萌动。是为可耕之候。

二月

惊蛰：初候，桃始华；阳和发生，自此渐盛。二候，仓庚鸣；黄鹂也。三候，鹰化为鸠。鹰，鸷鸟也。此时鹰化为鸠，至秋则鸠复化为鹰。

春分：初候，玄鸟至；燕来也。二候，雷乃发声：雷者阳之声，阳在阴内不得出，故奋激而为雷。三候，始电。电者阳之光，阳气微则光不见，阳盛欲达而抑于阴。其光乃发，故云始电。

三月

清明：初候，桐始华；二候，田鼠化为鴽，牡丹华；鴽音如，鹌鹑属，鼠阴类。阳气盛则鼠化为鴽，阴气盛则鴽复化为鼠。三候，虹始见。虹，阴阳交会之气，纯阴纯阳则无，若云薄漏日，日穿雨影，则虹见。

谷雨：初候，萍始生。二候，鸣鸠拂其羽，飞而两翼相排，农急时也。三候、戴胜降于桑，织网之鸟，一名戴鵀，阵于桑以示蚕妇也，故曰女功兴而戴鵀鸣。

四月

立夏：初候，蝼蝈鸣；蝼蛄也，诸言蚓者非。二候，蚯蚓出；蚯蚓阴物，感阳气而出。三候，王瓜生；王瓜色赤，阳之盛也。

小满：初候，苦菜秀；火炎上而味苦，故苦菜秀。二候，靡草死；葶苈之属。三候，麦秋至。秋者，百谷成熟之期。此时麦熟，故曰麦秋。

五月

芒种：初候，螳螂生；俗名刀螂，说文名拒斧。二候，鵙始鸣；鵙，伯劳也。三候，反舌无声。百舌鸟也。

夏至：初候，鹿角解；阳兽也，得阴气而解。二候，蜩始鸣，蜩，蝉也。三候，半夏生，药名也，阳极阴生。

六月

小暑：初候，温风至；二候，蟋蟀居壁；亦名促织，此时羽翼未成，故居壁。三侯，鹰始挚。鹰感阴气，乃生杀心，学习击搏之事。

大暑：初候，腐草为萤；离明之极，故幽类化为明类。二候，土润溽暑；溽，湿也。三候，大雨行时。

七月

立秋：初候，凉风至。二候，白露降。三候，寒蝉鸣。蝉小而青赤色者。

处暑：初候，鹰乃祭鸟；鹰，杀鸟。不敢先尝，示报本也。二候，天地始肃；清肃也，寨也。三候，禾乃登。稷为五谷之长，首熟此时。

八月

白露：初候，鸿雁来；自北而南也。一曰：大曰鸿，小曰雁。二候，玄鸟归；燕去也。三候，群鸟养羞。羞，粮食也。养羞以备冬月。

秋分：初候，雷始收声；雷于二月阳中发生，八月阴中收声。二候，蛰虫坯户；坯，昔培。坯户，培益其穴中之户窍而将蛰也。三候，水始涸。国语曰：辰角见而雨毕，天根见而水涸，雨毕而除道，水涸而成梁。辰角者，角宿也。天根者，氐房之间也。见者，旦见于东方也。辰角见九月本，天根见九月末，本末相去二十一余。

九月

寒露：初候，鸿雁来宾。宾，客也。先至者为主，后至者为宾，盖将尽之谓。二候，雀入大水为蛤；飞者化潜，阳变阴也。三候，菊有黄花。诸花皆不言，而此独言之，以其华于阴而独盛于秋也。

霜降：初候，豺乃祭兽；孟秋鹰祭鸟，飞者形小而杀气方萌，季秋豺祭兽，走者形大而杀气乃盛也。二候，草木黄落；阳气去也。三侯，蛰虫咸俯。俯，蛰伏也。

十月

立冬：初候，水始冻。二候，地始冻。三侯，雉入大水为蜃。蜃，蚌属。

小雪：初候，虹藏不见，季春阳胜阴，故虹见；孟冬阴胜阳，故藏而不见。二候，天气上升，地气下将。三侯，闭塞而成冬。阳气下藏地中，阴气闭固而成冬。

十一月

大雪：初候，鹖鴠不鸣，鹖鴠，夜鸣求旦之鸟，亦名寒号虫，乃阴类而求阳者，兹得一阳之生，故不鸣矣。二候，虎始交；虎本阴类。感一阳而交也。三候，荔挺出。荔，一名马蔺叶似蒲而小，根可为刷。

冬至：初候，蚯蚓结；阳气未动，屈首下向，阳气已动，回首上向，故屈曲而结。二候，麋角解；阴兽也。得阳气而解。三侯，水泉动，天一之阳生也。

十二月

小寒：初候，雁北乡；一岁之气，雁凡四候。如十二月雁北乡者，乃大雁，雁之父母也。正月侯雁北者，乃小雁，雁之子也。盖先行者其大，随后者其小也。此说出《晋·干宝》,宋人述之以为的论。二候,鹊始巢;鹊知气至,故为来岁之巢。三候,雉雊;雊,句姤二音,雉鸣也。雉火畜,感于阳而后有声。

大寒:初候,鸡乳,鸡,水畜也,得阳气而卵育,故云乳。二候,征鸟厉疾;征鸟,鹰隼之属,杀气盛极,故猛厉迅疾而善于击也。三候,水泽腹坚。阳气未达,东风未至,故水泽正结而坚。

二十四节气及七十二候的变化规律,都在八卦演化中展现。

第五层　月球与朔望月

月球,俗称月亮,古称太阴,是环绕地球运行的一颗天然卫星,也是离地球最近的天体,它与地球之间的平均距离大约是 384400 千米。人们称月球是地球的保护神。对于地球来说,月球是一个十分重要的天体。月球在不同坐标系中运动,便有恒星月、近点月及朔望月的不同。

月球运行的轨道,名曰白道。白道与黄道同为天体上的两大圆,以五度九分而斜交。月球绕地球一周,出没黄道两次,历二十七日七小时四十三分十一秒半,为月球公转一周年需之时间,谓之"恒星月"。朔望月的周期是指日月合朔所需日数。初一为日月合朔,十五为满月中天。

我国古代农历节气时间,每月以月亮盈亏变化周期为依据计算。八卦与月相相配,震卦一阳始生,月上弦,初三日,兑卦二阳迭起,月更明。初八日,乾卦三阳充盛月满圆。十五日,巽卦一阴始萌,月始亏。十六日,艮卦二阴迭用,月下弦。二十二日,坤,三阴充劢,月晦。二十九日,离卦二阳一阴,日光如火。坎卦二阴一阳,月光如水。

在十二月卦的阴阳爻变化中,也反映了这一规律。

第六层　太阳到达黄经的度数

太阳是距离地球最近的恒星，是太阳系的中心天体。太阳系质量的99.87%都集中在太阳。太阳系中的八大行星、小行星、流星、彗星、外海王星天体以及星际尘埃等，都围绕着太阳运行(公转)。

我国古天文学家根据太阳在黄道上的位置(黄经)变化和地面气候演变次序，将周天分为360度，自春分起算，春分为0度，夏至为90度，秋分为180度，冬至270度，更进而至春分合成360度，从中显示太阳、月亮、地球的周年视运行与二十四节气，西方十二星座的对应规律。这一规律在天体运行八卦图中展现。

第七层　太阳经过黄道十二星座的时间

"十二星座"分别为；摩羯星座、宝瓶星座、双鱼星座、白羊星座、金牛星座、双子星座、巨蝎星座、狮子星座、室女星座、天秤星座、天蝎星座、人马星座。在八卦中"十二星座"对应十二月卦。其中以六爻位的变化来表示节气的变化。

太阳经过黄道十二星座的位置，用公历时间表示：

当太阳经过摩羯星座时，对应的时间是12月21日至1月20日；

经过宝瓶星座的时间是1月20日至2月19日；

经过双鱼星座的时间是2月19日至3月21日；

经过白羊星座的时间是3月21日至4月20日；

经过金牛星座的时间是 4 月 20 日至 5 月 21 日；

经过双子星座的时间是 5 月 21 日至 6 月 21 日；

经过巨蟹星座的时间是 6 月 21 日至 7 月 22 日；

经过狮子星座的时间是 7 月 22 日至 8 月 23 日；

经过室女星座的时间是 8 月 23 日至 9 月 23 日；

经过天秤星座的时间是 9 月 23 日至 10 月 23 日；

经过天蝎星座的时间是 10 月 23 日至 11 月 22 日；

经过人马星座的时间是 11 月 22 日至 12 月 21 日。

例如你出生的时间是在 12 月 21 日至 1 月 20 日内，那么你对应的星座是摩羯星座，以此类推，其对应的星座时间在天体运行八卦图中展现。

第八层　乾坤爻变十二月卦

八卦以太极为一年，两仪为阴阳，为冷热，四象即四季，四季组成十二个月，于是有了乾坤爻变十二月卦(消息卦)。以反映自然界阴阳变化规律，阳长为消，阴长为息，阳气行令之月为消，阴气行令之月为息。十二消息卦中共有 72 爻，可代表 72 候。每一节气分为初、次、未三候。

十二月卦中阴阳二爻的变化，可体现阴阳两气的消长过程，从而反映大自然变化的规律。

第九层 太极八卦

太极八卦图是上古时代的天文地图。其文化内容涉及到天文、地理、气象、历法、哲学、政治、宗教、中医、建筑、軍事、艺术、神学、武术、围棋、民俗风情等。八卦图是观天察地而发明的。

唐人孔颖达在《周易正义》注曰“俯以察于地理”“条云:地有山川原隰,各有条理,故称理也。”之所以要考察地理,《淮南子,泰族训》云:“俯视地理,以制度量。”察陵陆、水泽、肥墩、高下之宜、立事生财、以除饥寒之患。考察地理,以阴阳加以划分。

历史上,八卦图亦称太极图,八卦文化亦称太极文化,即太极八卦文化。它是中华传统文化的源流。我国甘肃天水的伏羲庙及画卦台就是历史的佐证。

第十层 八卦与九宫八风

灵枢九宫八风,即是专门讨论风对于人体的影响及其危害的关系。在《易经》中,气象之风雷均被列为“八卦”之体象,用来解释自然界的变化规律。在灵枢之中有八风之名。

即风从南方来,名为大弱风,其伤人也,内舍于心,外在于脉,气主热。

风从西南方来,名为谋风,其伤人也,风舍于脾,外在于肌,其气主为弱。

风从西方来,名为刚风,其伤人也,风舍于肺,外在于皮肤,其气主为燥。

风从西北来，名为折风，其伤人也，内舍于小肠，外在于手太阳脉，脉绝则溢，脉闭则结不通善暴死。

风从北方来，名为大刚风，其伤人也，风舍于肾，外在于骨，与肩背之膂筋，其气主为寒也。

风从东北方来，名为山风，其伤人也，内舍于大肠，外在于两胁腋骨下及肢节。

风从东方来，名为婴儿风，其伤人也，内舍于肝，外在于筋，其气主为身湿。

风从东南方来，名为弱风，其伤人也，内舍于胃，外在肌肉，其气主体重。

我国在三千多年之前的殷代，便有气象方面的记载，在甲骨文的卜辞里已经反映出先民这方面的丰富知识。

第十一层　八卦万物类象

乾卦

[天时]天，冰，雹，霰，龙卷风雨等。

[地理]西北方，京都、省城，区，县城，乡，镇政府所在地，大郡、形腾之地、高亢之所，西北方之居。

[五行五色]金、白色，乳白色，似西北方土壤颜色，类同颜色等。

[屋宿]楼台、高堂、大厦，宿舍、驿站，公厕等，西北方之居。

[人物]君、父、大人、老人、长者、宦官、名人、公门人等。

[动物]大象、狮、狗、猪、天鹅、飞鸟等。

[身体]头部、骨骼、胸肺部，内舍小肠，外舍手太阳脉等。

坤卦

[天时]地，多云，阴，雾，低气压，龙卷风雨等。

[地理]西南方、道路、平原、田野、草原、盆地、平地、公厕，西南方之居等。

[五行五色]土、黄色、灰色，类同颜色等。

[屋宿]村店、田舍、矮屋、土阶、仓库等。

[人物]母亲、后母、农夫、乡人、众人、老妇人、大腹人。

[动物]猴子、羊，百兽等。

[身体]腹部，消化器官，内舍脾，外舍肌肉。

震卦

[天时]雷，地震，闪电，婴儿风等。

[地理]东方、森林、树木、竹林、草木茂盛之所。

“龙”位于东方为震卦位。

[五行五色]木、青色、绿色，类同颜色。

[屋宿]东方之居、山林之居、乡村住屋、楼阁、闹市、公厕等。

[人物]长男。

[动物]兔子、百虫、动物声音。

[身体]肝脏，头发，神经，咽喉，内舍肝，外舍筋。

巽卦

[天时]风，云雨交加，风雪，弱风等。

[地理]东南方之地、草木茂秀之所、植物园，花果菜园等。

[五行五色]木、青色、绿色，类同颜色。

[屋宿]东南方之居、乡村之居，寺观楼台、山林之居，公厕等。

[人物]长女、秀女、寡妇之人、道姑等。

[动物]蛇类、百鸟、山林之禽、虫类等。

[身体]臀部、呼吸器官,内舍胃,外舍肌肉。

坎卦

[天时]水,雨,月,雪,霜,露,大刚风等

[地理]北方、海洋、江、湖、河、溪涧、泉井,有水之处

[五行五色]黑色,似北方土壤颜色,类同颜色等

[屋宿]北方之居、近水之居、水边阁楼、酒店,酒楼、水中通道。

[人物]中男、江湖之舟人、盗贼、匪。

[动物]鼠类、鱼类、水中之物,水族等。

[身体]耳、肾脏、生殖系统、肛门、血,内舍肾,外舍骨,肩,背。

离卦

[天时]火,日,电,虹,霞,大弱风。

[地理]南方之地,窑、炉冶之所,化工,电脑,电影,通讯等。

[五行五色]火、红色、赤红色、紫红色,似南方土壤颜色。

[屋宿]南舍之居,阳明之宅、明窗、虚室。

[人物]中女、文人、大腹、目疾人等。

[动物]马、雉、龟、鳌、蚌、蟹等。

[身体]眼、心脏,内舍心,外舍脉。

艮卦

[天时]云雾,山风等。

[地理]群山,山岚、山脉、山区、山地、丘陵、高原,玉石,岛屿,墓,东北方,门阙,山径路近山城。

[屋宿]东北方之居,山石,近山之宅。

[人物]少男、闲人、山中人。

[动物]虎、牛、百兽、狐、黔啄之物。

[身体]手、骨、鼻、背、内舍大肠,外舍胁腋骨,下肢节等。

兑卦

[天时]秋雨、刚风等

[地理]湿地、水际、缺池、废井、山崩破裂之地。

[五行五色]金、白色、乳白色,类同颜色。

[屋宿]向西之居,近泽之居,墙壁有损。

[人物]少女、妾、歌妓。

[动物]鸡、泽中之物。

[身体]口腔,内舍肺,外舍皮肤等。

“八卦”综合反映了自然万物都是客观及运动的观点。

第十二层 天干地支

《史记》云,十干为母,十二支为子,又简称干支。十天干,依次为:甲乙丙丁戊己庚辛壬癸。十二支,依次为:子丑寅卯辰巳午未申酉戌亥。干支有阴阳五行之分:天干甲、丙、戊、庚、壬为阳干,乙、丁、己、辛、癸为阴干。

甲乙同属木,甲为阳木,乙为阴木;

丙丁同属火,丙为阳火,丁为阴火;

戊己同属土,戊为阳土,己为阴土;

庚辛同属金,庚为阳金,辛为阴金;

壬癸同属水,壬为阳水,癸为阴水。

甲木为纯阳之木,名为大林之木,有参天之势,其性坚质硬,栋梁之材,故为阳木。

乙木为纯阴之木,名为花卉之木,有妖娆大地之美,其性柔质软,情满人间，故为阴木。

丙火为纯阳之火，名为太阳之火，有光明天地之功，其性猛烈，普照万物，故为阳火。

丁火为纯阴之火，名为灯烛之火。

戊为纯阳之土，名为城垣之土，为万物之司命，其性高亢质硬，土生育万物，故为阳土。

己为纯阴之土，名为田园之土，有培木止水之能。其性湿质软，低洼向阴，造福人间，故为阴土。

庚金为纯阳之金，名为剑戟之金，有刚健肃杀之力，其性刚质硬，肃杀万物，故为阳金。

辛金为纯阴之金，名为金饰，珠玉，有镶嵌珠宝之用，其性柔弱，质温清润，装饰人间，故为阴金。

壬水为纯阳之水，名为江河湖海之水，通天河而周流不息，灌溉万物，故为阳水。

癸水为纯阴之水，名为雨露之水，其性至静至弱，滋生万物，故为阴水。

十二支配月建

正月建寅，二月建卯，三月建辰，四月建巳，五月建午，六月建未，七月建申，八月建酉，九月建戌，十月建亥，十一月建子，十二月建丑。

十二支配十二时辰

时辰	子	丑	寅	卯	辰	巳
时间	23–1	1–3	3–5	5–7	7–9	9–11
时辰	午	未	申	酉	戌	亥
时间	11–13	13–15	15–17	17–19	19–21	21–23

十二支配六合

子与丑合化土，寅与亥合化木，卯与戌合化火，辰与酉合化金，巳与申合化水,午与未合,午为太阳,未为太阴,合而为土。

六合又有合中有克,合中有生,如子与丑合,卯与戌合,巳与申合。子为水,丑为土,土克水;卯为木,戌为土,木克土;巳为火,申为金,火克金;此为合中有克。寅与亥合,辰与酉合,午与未合。寅为木,亥为水,水生木;辰为土,酉为金,土生金;午为火,未为土,火生土。故为合中有生。

十二支三合局

申子辰合水局,寅午戌合火局,巳酉丑合金局,亥卯未合木局。

十二支三会局

寅卯辰三会东方木,巳午未三会南方火,申酉戌三会西方金,亥子丑三会北方水。

三会局力量大于三合局,因其会一方之气。

十二支相冲

子午相冲,丑未相冲,寅申相冲,卯酉相冲,辰戌相冲,巳亥相冲。

相冲实为对冲,在八卦图上可以看出,卯为木在东,酉为金在西,午为火在南,子为水在北,其他支也如此,都是处在对立的位置上,故又为对冲。

六冲中,子午相冲,丑未相冲,辰戌相冲。卯酉相冲,寅申相冲,巳亥相冲。

十二支相害

子未相害,丑午相害,寅巳相害,卯辰相害,申亥相害,酉戌相害。

何为相害?因子与丑合,未来冲散,故子未相害。丑与子合,午来冲散,故丑午相害。寅与亥合,巳来冲散,故寅巳相害。卯与戌合,辰来冲散,故卯辰相害。辰与酉合,卯来冲散,故辰卯相害。巳为申合,寅来冲散,故巳寅相害。午为未合,丑来冲散,故午丑相害。未与午合,子来冲散,故未子相害。申与巳合,亥来冲散,故申亥相害。酉与辰合,戌来冲散,故酉戌相害。戌与卯合,酉来冲散,故戌酉相害。寅为亥合,申来冲散,故亥申相害。

十二支相刑

子刑卯，卯刑子，为无礼之刑；寅刑巳，巳刑申，申刑寅，为无恩之刑；丑刑未，未刑戌，戌刑丑，为恃势之刑；辰午酉亥为自刑。

恩生于害，害生于恩。三刑生于三合，六害生于六合。如申子辰三合加寅卯辰三位，则申刑寅，子刑卯，辰见辰自刑。寅午戌加巳午未三位，则寅刑巳，戌刑未，午见午自刑。巳酉丑加申酉戌三位，则巳刑申，酉见酉自刑，丑刑戌；亥卯未加亥子丑三位，则亥见亥自刑，卯刑子，未刑丑。

第十三层　八卦与八门

八卦中的“八门”，是指西北方的开门，正西方的惊门，西南方的死门，正南方是景门，东南方是杜门，正东方是伤门，东北方是生门，正北方是休门。八门对应地平方位，可反映我国地形地貌一带三弧的结构：

一带是指东西走向的褶皱断块山地，即昆仑山——秦岭山系；三弧是指东西走向山系，北面的蒙古弧，青藏高原上的西藏弧和华南的华南弧。这些山系是由欧亚板块、印度洋板块、太平洋板块三大板块相互作用形成的。

位于中国西部的昆仑山——秦岭——大别山脉是我国最重要的山脉系统。而我国地势的基本特点是西高东低，自西向东逐级下降，呈现出三个明显的倾斜阶梯。整个趋势是西北高，东南低。

西北高山众多，而东南是海洋辽阔之地，因此有天倾西北、地陷东南之说。例如西北方定开门——开门即开天门为高处之意，八卦中的八门，实际上是我国地理地貌的缩影，其义深奥。

第十四层　八卦与二十八星宿

自春秋战国以来，中国古代天文学就有八卦九州分野的记载。九州分野即以二十八星宿为划分标志。二十八星宿是古人对环绕黄道和赤道附近一周天的二十八个恒星星座的总称。

在二十八星宿中，有“北斗七星”，位于大熊星座。“北斗七星”又称之为斗纲，用于确立北极位置，辨别列宿方向，以定节气时间。

二十八宿由西向东排列，东方为青龙七宿（春），南方朱雀七宿（夏），西方白虎七宿（秋），北方玄武七宿（冬）。二十八星宿分野，即以八卦定方位。

第十五层　六十甲子及纳音五行表

六十甲子是根据干支来的，天干为甲、乙、丙、丁、戊、己、庚、辛、壬、癸，地支为子、丑、寅、卯、辰、巳、午、未、申、酉、戌、亥。天干为天象，地支为地象。天干与地支循环相配组成六十甲子。

六十甲子是古代中国探研天文、地理、气象、历法等的数学演算工具，也是自然万物兴衰的信息标志。这一标志在天体运行八卦图中显现。

六十甲子五行纳音表:

年号	年命	年号	年命	年号	年命	年号	年命	年号	年命
甲子	海中金	丙子	涧下水	戊子	霹雷火	庚子	壁上土	壬子	桑松木
乙丑		丁丑		己丑		辛丑		癸丑	
丙寅	炉中火	戊寅	城墙土	庚寅	松柏木	壬寅	金箔金	甲寅	大溪水
丁卯		己卯		辛卯		癸卯		乙卯	
戊辰	大林木	庚辰	白腊金	壬辰	长流水	甲辰	佛灯火	丙辰	沙中土
己巳		辛巳		癸巳		乙巳		丁巳	
庚午	路旁土	壬午	杨柳木	甲午	沙中金	丙午	天河水	戊午	天上火
辛未		癸未		乙未		丁未		己未	
壬申	剑锋金	甲申	泉中水	丙申	山下火	戊申	大驿土	庚申	石榴木
癸酉		乙酉		丁酉		己酉		辛酉	
甲戌	山头火	丙戌	屋上土	戊戌	平地木	庚戌	钗钏金	壬戌	大海水
乙亥		丁亥		己亥		辛亥		癸亥	

关于纳音，宋代大学者沈括在《梦溪笔谈·卷五乐律一》一书中说："六十甲子有纳音，鲜原其意。盖六十律旋相为宫法也。一律含五音，十二律纳六十音也。凡气始于东方而右行，音起于西方而左行；阴阳相错，而生变化。所谓气始于东方者，四时始于木，右行传于火，火传于土，土传于金，金传于水。所谓音始于西方者，五音始于金，左旋传于火，火传于木，木传于水，水传于土。纳音与《易》纳甲同法：乾纳甲而坤纳癸，始于乾而终于坤。纳音始于金，金，乾也；终于土，土，坤也。"

六十甲子按八卦方位排列：正北是坎卦，壬子癸、东北是艮卦，丑寅、正东是震卦，甲卯乙，东南是巽卦，辰巳、正南是离卦，丙午丁、西南是坤卦，未申、正西是兑卦、庚酉辛，西北是乾卦：戊亥。八卦将太阳黄经分为 45° × 8=360° ，用"天干"、"十二支"显示。

黄道是地球上的人看到的太阳在天上运行一周年经过的轨道。

赤道是环绕地球表面和地球南北两极距离相等的圆周线。

二十八宿由西向东排列，好似一根环带，络绎不绝地通过南方中天的上空。古人就用二十八星宿作为一周天的度，故称为“周天宿度”。

第二部分

中华龙文化

综 述

1995 年,我撰写论文《八卦图是人类发展史上最早的天文地图》,用天文、地理、气象、历法和万物类象的内容与现代地图中的内容进行对比,说明世界上最早的第一张地图的诞生,证明现代地图中的内容都离不开八卦中的内容;同时说明中国古代天文学在五千年以前取得的丰硕成果及其在人类发展史上作出的重大贡献。因为多种原因,本篇论文没有公开发表。

1998 年,本人获得《天体运行八卦图》和《人体运行八卦图》两图的国家专利,使我对八卦与龙宇宙观的产生和演化过程以及中国龙伴随"易"学走向世界的内在关系,有了一定的认识和理解,因而产生了写书的想法。但因工作繁忙、八卦和龙文化博大精深,内容极其复杂,在整个撰写过程中,以下问题使我深感困惑和疑问:

(1)中华民族为什么会产生"盘古开天辟地"的神话故事,并有了"自从盘古开天地,三皇五帝到如今"的说法?

(2)盘古"开天辟地"的演化过程说明了一个怎样的思想认识问题?

(3)中国"三皇"时代的创立为什么会定位在上下五千年?

(4)中国史书上记载了"三皇"时代的首席始祖即伏羲,而盘古为什么会"榜上无名"?

(5)伏羲画八卦与"三皇"时代的创立有联系吗?

(6)在中国历史上人们称伏羲为"太昊伏羲",这称呼是怎样来的?

(7)中国古人认为八卦阴阳符号是“无字天书”,这其中奥秘在哪里?

(8)八卦阴阳符号的出现和中国文字从无到有的过程有渊源吗?

(9)伏羲画八卦,文王演《周易》又怎么会演绎出“龙”来呢?

(10)龙,为什么会在变易中神奇的诞生?龙的名字又是怎样形成的?

(11)在《周易》中有龙的相关内容解释,但为什么没有说明龙的身世来历呢?

(12)八卦爻辞中有“飞龙在天,大人造也”的说法,这个“大人”是指谁呢?

(13)汉语成语中的“来龙去脉、飞龙在天,龙入大海”的本义包涵哪些内容?

(14)《伏羲先天八卦图》和《文王后天八卦图》的名称,为什么都以“天”为名呢?

(15)“先天八卦和后天八卦”的名称,与“先天不足,后天弥补”这个古语的产生有联系吗?

(16)八卦九州分野:为什么会产生东方为苍龙,即中国的地理定位呢?

(17)在我国道教文化中,将北斗七星和南斗六星的变化现象,与伏羲和龙神奇的联系在一起,这样描述隐含了什么思想认识问题呢?

(18)中国神话中的雷神、雨师、风伯又为什么会成为“龙”的化身呢?

(19)中国的山川水系,为什么会产生对“五大龙脉”的描述呢?

(20)龙在动物界无形无踪,为什么中国十二生肖中又有龙的属相呢?

(21)中国古人为什么会“以蛇喻龙”并称为大小龙呢?

(22)龙图腾的设计理念与中国古老的山水画有内在的文化渊源吗?

(23)中国古星象学、星占术、相地风水学和中医学的产生,与八卦和龙文化有关联吗?

(24)中国的大禹治水、西游记、哪吒闹海、牛郎织女等神话故事中都有对龙的描述,那么作者当时想表达什么思想,难道这些创作就是单纯让人们去观听吗?

(25)中国人传统的端午节赛龙舟的重大意义在哪里?难道就是为了纪念屈原吗?

(26)屈原在《天问》中提出了有关龙的疑问,那么他到底是想问天还是问龙,天与龙之间有怎样的关系呢?

(27)中国人的“福如东海长流水,寿比南山不老松”这一对句的产生与龙文化有渊源吗?

(28)中华民族为什么会称为“东方巨龙”?

(29)为什么中华民族的历代皇帝称为“真龙天子”?

(30)中华民族为什么采用虚无的“龙”作为图腾,而不采用国内珍贵的某一种实有动物作为图腾标志?

(31)中国龙图为什么会有多种动物的组合形状,又为什么会突出“神龙吐水”的形象特征?龙究竟为何物呢?

(32)中华民族称为龙的国度、中国人是龙的传人、龙的子孙,顾名思义,龙就是中国人的母亲。既然是母亲,中国史书中为什么没有记载呢?

(33)龙,与天、地、人之间的和谐关系又是怎样形成的?

(34)中华龙文化为什么在海内外有如此大的影响力?

(35)八卦与龙文化在中华文化中的重大意义在哪里?在世界文化史上又有怎样的贡献?

以上问题值得我们从更深层次去研究和分析。

中国人常说“飞龙在天、龙入大海”,的确,在北斗七星、南斗六星、二十八星宿分野中,有关于龙的神奇描述,但它们是自然恒星:在龙卷风雨中有雷神、雨师、风伯的神奇描述,但它们是自然气象的变化;在山川水系中有喻龙形态特征的描述,但它们是中华神州大地和自然景观。我们说“龙的传人”，有人在十二生肖中属“龙”，但他们都是普通善良的中国人；我们说“来龙去脉”，的确，是中华神州大地养育了我们，我们身上都带有龙的祖先留下的烙印，华夏子孙不管现在何方，都怀着振兴中华的中国心。

神奇的中国龙至今在动物世界“无形无踪”，但“龙在天涯，昂头降水”、“替天行道”造化自然万物的艺术形象又一幕幕地展现在人类面前，一直铭刻在中国人心中。

中国龙的神奇性对现代人来说，是个神秘而复杂的课题，但在古人的思想中则认为，龙的文化内涵本来就不神秘，只是随着岁月的流逝，这些内容被人为地镀上了一层神秘的光釉，才变得神秘了。即使如此，龙的神秘性也是可以认识的。

当然，要认识龙，就要先了解八卦与龙相互不能分开的内在关系。因为，八卦文化是龙文化的源泉；也就是说，没有八卦就没有龙的存在，更谈不上龙在八卦爻辞中的内容解释。由于伏羲八卦先认识昊天为自然之天，才有“天人合一”思想的产生和龙在天、地、人中的表现形式。

《易经》的哲学思想是中国古代科技文化的重要源泉之一。古代中国人的宇宙发生论，必然要影响到龙文化艺术的产生和发展，而文化艺术的发展必定要促进人类文明的进步。人类文明进步的过程，其实就是人类在生产生活中认识大自然的过程。也就是说从感性认识发展到理性认识的过程，从中体现天地人和谐相处的思想理念，也成为衡量人类文明进步的标志。八卦与龙文化的演化发展过程，反映了华夏民族文明进步的过程。

中华龙文化是华夏民族在长期的生产生活中，形成的一种社会历史现象，是社会历史的积淀物。八卦和龙文化内容广泛，涉及到天文、地理、气象、历法、二十四节气、六十甲子、生肖文化、相地风水、中医、史学、数学、政治、军事、文学、艺术、工艺美术、民俗、宗教、神学、生态环境、考古、生物、伦理道德等多种领域，也是华夏民族的风土人情、传统习俗、生产生活方式、行为规范、思维方法、价值观念等方面的集成文化。这种现象在人类文化发展史上是罕见的。

弄清中华龙的起源、演变与发展的脉络，探明龙在意识形态中的真实内涵，明确龙在中华文化中的地位与影响，有着十分重要和深远的意义。当然，认识八卦和中华龙文化的发展过程是非常复杂的，但是只要我们认真学习、深入研究，就能迈入文化的殿堂，去领略祖先博大智慧的结晶。

八卦与龙的内容似汪洋大海，因历史久远，查阅资料有限，想要搜罗尽净，没有遗漏，谈何容易。今天撰书，旨在抛砖引玉，期望国内外专家学者和爱好者共同探讨和研究，让中华太极八卦文化与龙文化造福于人类社会。

第一章 八卦和龙奠定了华夏文明起源的文化基础

一、旧石器时代是八卦和龙文化的孕育期

人类自从在地球上诞生的那一刻开始，就要面对天、地、人关系和现实生产生活中的问题，这也是人类演化发展过程的必经之路。

据考古发现，在旧石器时代约两百万年以前，中国境内就生活着早期人类。距今约一百八十万年前的西侯度文化，记载了山西芮城县西侯度村，有简单粗糙的打制石器。据考古发现，我国的云南元谋人距今已一百七十万年，在他们生活过的山洞中发现了灰烬和烧过的骨头，他们是迄今所知世界上最早用火的人。

原始人用火

距今约一百万至

五十万年前的郧西直立人时代，记载湖北郧西神雾岭白龙洞，有人牙化石。湖北郧县龙骨洞，有人牙化石和一件经人工打击过的石核。距今约四十万至三十万年前，安徽和县龙潭洞，有人头盖骨、下颌骨及牙齿化石。距今约十万至六万年前，山西襄汾丁村，丁村人，有人顶骨和牙齿化石。石器以大三棱厚尖状器和石球为代表，用于采集和狩猎生活，系早期智人。距今约五万至三万五千年前，内蒙古伊克昭盟乌审旗大沟湾，河套人，有人顶骨、股骨、牙齿化石，动物化石中多羚羊角，系晚期智人（新人）。距今约一万八千年前，北京周口店山顶洞，山顶洞人，有头骨、肢骨、牙齿等化石，系晚期智人，能人工取火，有骨尖，能钻孔，已进入母系氏族公社阶段。与此同时，北京市内王府井也有人居住。距今约一万年前，玉蟾岩遗址，湖南道县玉蟾岩，有打制石器、骨、角、牙、蚌制器，有稻谷遗存，此时已呈旧石器时代向新石器时代过渡状态。

新石器时代约公元前六千年，磁山—裴李岗文化，记载了河北武安磁山、河南新郑裴李岗等地，石器磨制尚不精细，种粟，饲猪。南部的河南舞阳

仙人洞吊桶环遗址

贾湖遗址烧土碎块有稻壳印痕,或为水稻种植北限。

经现在考古发现,江西境内吊桶环耕作遗址发掘的稻种,即印证了中国是世界稻作最早的起源地之一。(在上个世纪50年代末,上饶万年大源乡仙人洞吊桶环遗址被发现。三十年后,在这个洞穴遗址中出土了大量的石器、骨器、蚌器、原始陶片等,还发现了从旧石器时代向新石器时代过渡的清晰的地层关系证据,并挖掘到水稻栽培稻植硅石标本。后经过60年代、90年代5次考古发掘,特别是1993年和1995年由北京大学考古系、江西省文物考古研究所和美国安德沃考古基金会联合组成中美农业考古队,在两遗址的上层发现了距今一万两千年前的栽培水稻植硅石,为当今世界最早的水稻栽培稻遗址之一。)

追溯历史,原始中国人在生产生活的发展过程中,首先感到最神秘的现象莫过于火。对火的认识和使用是人类生存的重要因素之一。因为,在自然界中,火山喷发,雷电闪火,烟雾弥漫,令人生畏。人们吃的东西都是生冷之物,正如《礼记·礼运》所云:“未有火化,食草木之实,乌兽之肉,饮其血,茹其毛。”火的使用和支配,给人类以温暖,使人熟食,驱赶野兽。这是人类文化领域的第一次革命。

在上古时代中华民族有一支崇拜火的部落,称烈山氏,首领称炎帝。炎帝以黄河流域为根据地,刀耕火种。他们是怎样取火的,至今仍是一个谜。当然我们可以分析,是火山喷发和雷电而引起的火灾现象中,启发了人类用火的方法。

对火的认识,后来发展到对山水重要性的认识,是人类迈向科技文明的重要阶段,这也是中华龙文化的实质内涵。古人“山水喻龙”的形象描述就是龙文化实质内涵的体现。这是人类为了生命的延续,在生产生活的过程中,从自然物象中得到的知识。应该说,八卦和龙文化孕育在中国古人发展生产和改善生活的大智慧之中。

二、新石器的中国“三皇”时代是八卦和龙文化的诞生期

原始古人历经长期艰难的求生存岁月，从旧石器时代迈入新石器的中国“三皇”时代。这是上下五千年中华文明历史的象征。据史书记载，中国“三皇”时代的首席皇帝是伏羲氏。

伏羲氏

伏羲的主要功绩之一是创立太极八卦文化。据《易经》记载：伏羲仰则观象于天，俯则观法于地，旁观鸟兽之文，与地之宜，近取诸身，远取诸物，始画八卦。（注，我国有二处伏羲画卦台，一处是在甘肃天水，为羲皇故里，另一处是在河南上蔡，为伏羲部落东迁的所在地。）

天水卦台山

《伏羲先天八卦图》用乾坤二卦取法大自然之象，是先天之卦位，天地居于上下，日月出没东西，山泽同处地理，风雷行于天空。因此《易传》云：“雷以动之，风以散之，雨以润之，日以恒之，艮以止之，兑以泽之，乾以君之，坤以藏之”的大自然物象。《说卦传》解释说：“天地定位，山泽通气，雷风相

薄，水火不相射，数往来者顺，知来者逆，是故易，逆数也。乾卦配天，天在上位，坤位配地，地在下位，是为天地定位。艮卦配山，山居西北，兑卦配泽，泽处东南，两相对峙，是为山泽通气。震卦配雷，雷始东北，东之春雷多有，巽卦配风，风自西南，西之秋风常见，是为雷风相薄。离卦配火，日为火之精，日出东方，坎卦配水。月为水之精，月出于西方，是为水火不相射。”《易·系辞》云：“易与天地准，故能弥纶天地之道，仰以观于天文，俯以察于地理。”

黄帝时代中华大地各群活动地区示意图

从燧人氏至伏羲、神农的传说，最能反映社会文明进步有三个阶段。燧人氏钻木取火，教民熟食，这是文明的肇始阶段；伏羲画八卦，养牺牲以供庖厨，教民渔猎，提倡嫁聚，修建住宅，这是文明的起步阶段；神农氏教民种五谷，发明中医药，设立集市，进入了华夏文明的农耕阶段。

从华夏文明起源史看，上古时代中华民族主要有四大集团。一是以炎帝和黄帝为代表的崇龙的华夏集团。二是以太昊、少昊、蚩尤为代表的崇凤的东夷集团。三是以伏羲和女娲为代表的苗蛮集团。四是居住在长江以南的百越集团。华夏民族的形成过程就是四大集团的融合过程，也是龙与凤融合发展的过程，这是草原文明，黄河文明和长江文明肇始的象征。

五帝”时代处于我国原始社会未期，氏族文明达到了顶端，开始向阶级社会过渡。应该说，华夏文明孕育在旧石器时代，诞生在新石器的“三皇”时代。因而，中华民族的文明史定位在上下五千年的历史。其实质，太极八卦文化的产生，是中华民族阴阳理论体系的创立及“天人合一”思想的形成（天人合一思想即天地人和谐思想），后演化为中华龙文化的历史标志。

三、《文王后天八卦图》的创立标志着中华民族天地人和谐文化的建立

《易经》是解释“八卦”的著作，成书约在夏、商、周年代。《玉海》引《山海经》说：“龙负河图而伏羲始画八卦，夏人因之，曰《连山》。黄帝得河图，商人因之，曰《归藏》。列山氏得河图，周人因之，曰《周易》。”郑玄《易赞》《易论》有“夏曰《连山》，殷曰《归藏》，周曰《周易》”。

《周礼·春官》有太卜掌三易之说，《周易》仅在其一。“三易”其一是《连山》易，为夏朝的易。其二是《归藏》易，为商朝的易。其三是《周易》，是周朝的易。这三易相同之处是均有八个经卦及六十四别卦，不同之处是首卦不同。《连山》易首为艮卦，是为山脉连绵不断之象，主论天道。《归藏》易首为坤卦，是谷物收成之后纳之于内之象，主论地道。“易”学的天地人之道便是通过卦爻的演绎而形象地体现出来。所以，人们通常把卦爻称之为易体。古人说，神无方而易无体，是讲要用发展变化的变易观点对待自然。

八卦的成象，主要反映在阴阳爻的变化与天地人的内在关系上。八卦每卦三爻，自下而上，下横为初爻（地），中横为二爻（人），上横为三爻（天），联为一体，称为经卦。也可称天、地、人关系卦。八卦演变为六十四卦，每卦六爻，或称六爻位，是由两个经卦组合而来。前三爻在下，称为内卦。后三爻在上，称为外卦。联为一体，称为别卦。其中（下）一、二爻为地，（中）三、四爻为人，（上）五、六爻为天。（对人间事物，五爻为君位，六爻为天位）。

薛敬轩说:“卦之六爻,皆阴阳自然之数”。六爻也是原始古人用来占卜的语言工具,也是《易经》对自然与人间事物发生变化现象的一种解释和原始文字的符号系统。所以古人称它为“无字天书”。

《文王后天八卦图》是对伏羲先天八卦的推演,表述为,先天为体,后天为用。先天为纵,后天为衡。先天不足,后天弥补。后天八卦之位,具有东南西北四方位与春夏秋冬万物生长化收藏的对应规律。

《易·系辞》曰:“天地絪缊,万物化醇。”这就是说天地间阴阳二气交融,自然万物才能生生不息和产生新的组合变化,从中反映了人类代代相传的道理。《说卦》第十章云:“乾,天也,故称乎父;坤,地也,故称乎母。震索而得男,故谓之长男,巽索而得女,故谓之长女。坎索而得男,故谓之中男;离索而得女,故谓之中女。艮索而得男,故谓之少男;兑索而得女故谓之少女。”从中说明了先有天地后有万物,有万物才能供人类生存的道理。这是自然界演变的规律和法则。从中反映了人离不开自然,人与自然和谐相处的思想理念。这也是八卦中,天地人文化演化发展为中华龙文化的道理。

周文王,华夏族(前1152 年—前 1056 年),姬姓,名昌,西周奠基者。始画后天八卦,传《周易》为其所演。公元 690 年,武则天改国号为周时,自称武家为姬昌后代,遂追尊周文王为南周始祖文皇帝。

周文王

四、"龙"在"八卦"中诞生为自然万物的缩影

八卦显示,天、地、山、泽、雷、风、火、水为大自然物象。《周易》说,"飞龙在天,大人造也。"其意,龙为天的产物也是天的象征,"大人"是指天(大自然与人的关系)。《乾卦》中有"潜龙勿用"、"见龙在田、"飞龙在天"、"亢龙无悔"、"群龙无首",《坤卦》中有"龙战于野",《彖辞》乾卦中有"乘六龙以御天",《易·系辞下》第五章有"龙蛇之蛰",《说卦·第八章》中有"震为龙"等都是对自然与人间事物的描述。

《易经》全经第一卦是乾卦,第二卦是坤卦。乾是天,坤是地。《序卦传》说,有天地然后才有万物。天地为创造万物的根本,所以排在全经共六十四卦之首。初九,潜龙勿用。所应以下占语:"龙"是古人最崇敬的神秘动物,它能够栖潜在深渊,或行在陆上,或在天空飞腾,具有变化莫测、隐现无常的性格。所以,用龙象征天道的变化、阴阳的消长、以及人事进退的难料。同时,也象征天具有的无限潜能和贤能有作为的伟大人物。八卦的乾卦以"龙"说明伟大而亨通的德性。龙为首,为阳,为自然万物之代表。龙跃在渊,飞在天,乾道乃革。

乾坤天地之龙

"八卦"一阴一阳谓之道,大化流行,生生不息。太极生两仪、两仪生四象、四象生八卦。根据龙象征的自然物象在八卦中的内容显示,按物物以太极,万物类象组合划分:"龙"头象

征恒星、太阳、月亮,“龙”尾象征地球,“龙”的声音象征雷电,“龙”的汗水象征雨雾,“龙”的身枢象征高原,“龙”的骨架象征山脉,“龙”的肉身象征土地,“龙” 的肾脏象征湿地,“龙” 的肺脏象征森林,“龙” 的毛发象征花草,“龙”的筋脉象征道路,“龙”的血液象征江河,“龙”的细胞象征一切有生命的物种包括人类,和思想精神。中华民族“东方巨龙”在天地演化中,成为自然界万千事物的缩影。

五、中华“龙”见证了上下五千年的中华文明史

自从伏羲画八卦开始,历经夏朝的《连山》易、商朝的《归藏》易的发展过程,直至《文王后天八卦图》的创立,中国龙在《周易》中诞生。也就是说,龙孕育在先天八卦里,诞生在后天八卦中。《周易》成书在殷商末周初。那么,龙文化至今已有三千二百多年文字记载的历史。

由于夏朝的《连山》易、商朝的《归藏》易已失传,无法得知龙在这两部经书中是否有记载,也无法考证。但《连山》、《归藏》易中就已经有六十四卦的成象、因而,从追溯龙文化的发展史来说,《伏羲先天八卦图》在先,《文王后天八卦图》在后。应该说,如果没有伏羲画“八卦”就不可能有文王演“周易”的过程。华夏民族也就不可能有“先天不足,后天弥补”这一成语的产生和对龙的文字解释。

从这一角度来说,中华民族这一神圣之“龙”伴随伏羲画“八卦”,文王演《周易》的沧桑岁月见证了中华上下五千年的文明史。龙“替天行道”,为天、地、人的使者。“龙”因易学而深入人心,受到炎黄子孙的崇仰。

六、八卦九州分野，中华民族为东方巨龙在情理之中

由于八卦图是中华民族最早的天文地图，所以《史记·天官书》说；“天则有列宿，地则有州域。”通过八卦九宫，便把天上的星宿和地上的州域有机地联系起来。在古代中国星宿分野，大九州为世界，小九州为中国。按郑宗疆《星经》，每星一度辖地 1406 里。根据八卦九宫分野：按顺时针排列的次序是：正北是坎卦，壬、子、癸。东北是艮卦，丑、寅。正东是震卦，甲、卯、乙。东南是巽卦，辰、巳。正南是离卦，丙、午、丁。西南是坤卦，未、申。正西是兑卦，庚、酉、辛。西北是乾卦戌，亥方。

八卦将太阳黄经分为 45° ×8=360° 。用“天干十二地支”显示其位置。

八卦九宫分野，即二十八星宿分野：

东方青龙七星宿：角、亢、氐、房、心、尾、箕。像一条腾空而起的飞龙，角象龙角、氐、房象龙身、尾和箕象龙尾。五行中东方属木，其色青，故称青龙或苍龙。

西方白虎七星宿：奎、娄、胃、昂、毕、觜、参。像一只飞跃的虎，觜、参为头，奎为尾。五行中西方属金，其色白故称白虎。

南方朱雀七星宿：井、鬼、柳、星、张、翼、轸。像一只展翅飞翔的鸟（凤凰）。

北方玄武七星宿：斗、牛、女、虚、危、室、壁。像一只缓缓而行的龟，斗、牛为头，室、危为尾。五行中北方属水其色玄（黑），故称玄武或玄鸟。二十八星宿以角宿起分，左青龙，右白虎，前朱雀，后玄武为四象。

我国著名的古天文学家、数学家张衡在其名著《灵宪》里对这“四象”进

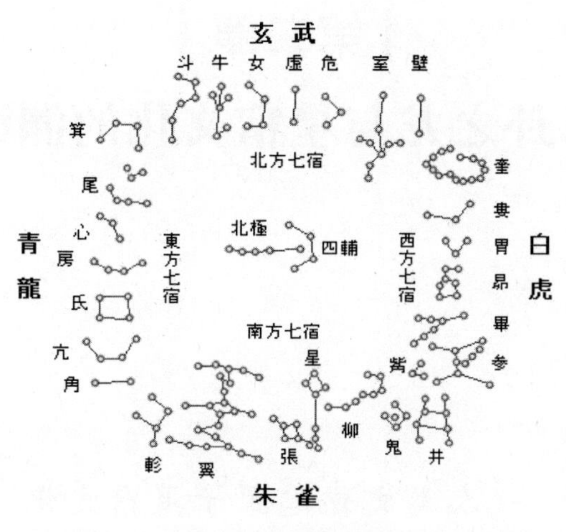

二十八星宿分野

行富于诗意的描述:“苍龙边蜷于左(东),白虎猛踞于右(西),朱雀奋翼于前(南),灵兽圈首于后(北)。”中国位于东半球,“苍龙边蜷于左(东)”,这和中国所处在亚洲东部的地理位置完全符合。因此,中国称东方龙,为龙的国度。因地域辽阔,世界人数最多,这当然是“巨龙”了。从天文地理学角度来说,中华民族被称为“东方巨龙”也顺理成章。附图:

第二章 八卦之龙与星宿文化的渊源

一、人类文化起源于星宿文化

中国古人心目中的“天”是最伟大的神圣之物。由天而引发的文化为星宿文化,其实质为天地人文化。这也是“八卦”以天为名的道理。屈原在《天问》云:“阴阳三合,何本何化?”三合指天、地、人。《范进中举》说:“如今却做了老爷,就是天上的星宿。”这是星宿文化即天地人文化的一个佐证。

我国“天文”一词最早源于《周易》,古人所说的“文”是指象形文字,即纹理,纹路,纹饰。天文的原义,是天上的文彩图像,引申为由日月星辰运行变化形成的种种现象与人间事务关系的一门学科,这一学科古人称它为星象学。星象学产生在原始人类文化的蒙昧时期,他们关于宇宙天象与自然界各种事物及人类生活之间的关系的认识,还处于一种被人类学家称为“原始思维”的状态中,原始思维的一个根本特点或规律是互渗律,即一切事物之间不管是宇宙天象、自然界现象、动植物世界还是人类世界的各种事物之间都是互相渗透、互相沟通的。任何事物间的各种联系是不能凭借逻辑分析作出解答的“神秘”联系连结起来的。星象学应该说在人类的原始社会时期就已萌芽,只不过由于年代久远,今天已无法看到原始社会时期星象学的遗物了。

根据有关学者的研究，可以从侧面说明星象学大体包括两个方面的内容，一是占星术，一是星命术。在现在仍存在的不少原始部落遗址中，都可找到各种神秘的占卜方法的文字记载。古代的天文学家绝大多数都是星占家。

自远古以来，人类为了生存的需要，一直不断地观察探究星象的奥秘及其与人间事务的关系。通过不知多少代人的不懈努力，积累了大量的关于星象及其变化的观察记录和星象变化与人间事务的关系的记事，并不断总结经验，概括归纳，发展演变，于是逐渐形成了关于人与星象相应的一套知识系统，这就是以八卦和龙文化为载体的星象学理论体系。也可称星宿文化即天、地、人文化体系。因而中国古人认为，上知天文、下知地理被看作拥有最高学问的人。增加附图说明：

说明：天象是中国远古天文学的称谓。商周时（武王伐纣），我国就有十二地支定地平方位的天象图，并使用至今。我们现在所说的天象图，是一种天空中出现风格各异的建筑物、清晰的人像图的景象，这些现象有别于海市蜃楼，人们叫它“天象图”。

武王伐紂天象圖(1045年12月3日，上午五時30分)
武王克商，歲在鶉火，日在天駟。鶉火去天駟，凡七宿。

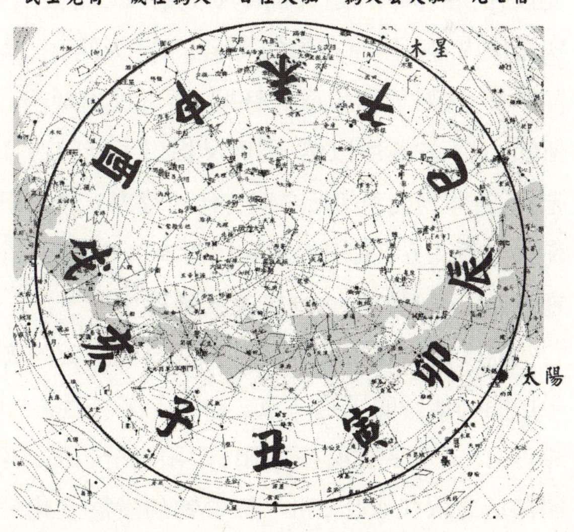

武王伐纣天象图

二、伏羲八卦以"昊天"为自然之天

在华夏文明的发展过程中,中国人对天的认识曾经有过一次革命性的变革。这从"天"的概念的变化可以得到证明。完成这一变革的显著标志就是八卦图的诞生。"八卦"这八个符号蕴含着深刻的宇宙观意义。根据《说卦传》的解释,"八卦"反映的完全是一个真实可信的物质世界。天与地,与雷、风、水、火、山、泽等实物并提,天具有健的性质,显然是自然之天,这就是朴素唯物论的天概念。有了这样的天概念,才可能产生阴阳的概念,产生乾健坤顺的概念,从而才可能画出太极八卦图来。

在尧舜时期,阴阳历的产生,落后的火历被取代。这标志着华夏文明进入了科技文化的重要时期。在实行火历的时代,人们心目中的天除了大火龙以外,根本不知道天的本质是什么,而太阳、月亮、地球的运行成了天的实质性内容。屈原在他的著名长诗《天问》中,对"天"、提出了一百七十多个问题,诗人对风雨生成有怀疑,所以提出疑问。同时,对一些气象现象虽有所知,但不知其所以然,因而又提出了疑问:"日安不到? 烛龙何照? 羲和之未扬,若华何光? 何所冬暖? 何所夏寒? "(太阳有何处照不到? 还需要烛龙衔火照耀北方? 太阳的车夫还没有开车,若木花何以便能放光? 究竟有什么地方冬天温暖? 什么地方夏天寒冷?)

对太阳的认识和理解是形成自然之天的天概念的关健性一步。后世人早已明确地指明了这一点。《礼记·郊特牲》:"大报天而主日。"和《汉书·魏相传》:"天地变化必由阴阳,阴阳之分以日为纪"的说法就是极好的证明。阴阳历之取代火历,和一切事物的发展变化一样,有一个过渡的阶段。据《大戴礼·五帝德》记载,帝喾曾"历日月而迎送之",注意到了日月运转的意义。《尚书·尧典》"乃命羲和,钦若昊天,历象日月星辰"的记载,其意义不可

太昊陵庙

低估。历是推算，象是观象。星与辰是一事，即后来逐渐认识到的经星二十八宿。经星二十八宿相当于布满天空的座标，用以显示日月的行踪。座标是陪衬，日月才是主要的。由于人们注意到太阳和月亮的行踪，发现它们在某些恒星星座上的有规律的定期相会，一个广阔的天体世界在人类面前展开了。这个世界的界限虽然不知道，但它在大地之上、大地之外却是清楚的。于是天概念的内涵和外延同时发生变化，内涵由大火龙转向日月星辰，外延则延伸到广大的天体。于是“昊天”这一显赫的名称被发明出来了。应该说，伏羲八卦确立了昊天为自然之天。因而，古人尊称；伏羲为“太昊伏羲”。这也是八卦来自古代天文学的道理。伏羲开创华夏文明，成为“三皇”始祖也在情理之中。这是华夏子孙对“伏羲皇帝”在人类“天文学”研究中作出的伟大业绩的肯定。这也是太极八卦与龙文化在全世界受到尊重的理由。伏羲皇帝创立八卦与龙文化的伟大功绩，将永远铭刻在华夏子孙的心中，并在人类文化史上留下永恒的一页。

人们为了纪念羲皇的功绩在河南淮阳建太昊陵庙。陵庙，按先天八卦数理设计。始建于春秋，增制于盛唐，完善于明清，岁月约三千年，历代帝王五十二次御祭，新中国成立后，党和国家领导人多次亲笔题词留念。

三、八卦图是中华民族最原始的天文地图

“伏羲皇帝”创立的八卦天文图，为夏时期中心区域图的绘制奠定了基础。从中国地图发展史看，我国从夏朝开始就有“今水系”、“今国界”的文字记载，后发展为商时期中心区域图、西周时期中心区域图（“今海岸”、“今国界”）、春秋时期中心区域图、战国时期中心区域图（长城、关隘、今海岸、今国界）、秦时期形势图（都城、郡级驻所、其他居民点）、西汉时期中心区域图、东汉时期中心区域图、三国时期中心区域图、西晋时期中心区域图、东晋时期中心区域图、宋魏时期中心区域图、齐魏时期中心区域图、梁东魏西魏时期中心区域图、陈齐周时期中心区域图、隋时期中心区域图、唐时期中心区域图、五代十国时期中心区域图、辽北宋西夏时期中心区域图、金西夏时期形势图、南宋时期形势图、元时期中心区域图（省级驻所、政权部族界、省级政区界）、明时期中心区域图、清中期疆域形势图，直至延续至今的中国地图。这些都是在八卦图的基础上演化发展而产生新的内容。应该说，八卦图是中华民族地图文化的先驱，也是人类发展史上最早的天文地图。

附图如下：摘自中国历史大辞典下卷

中国历史地图

夏时期中心区域图	秦时期形势图
商时期中心区域图	西汉时期中心区域图
西周时期中心区域图	东汉时期中心区域图
春秋时期中心区域图	三国时期中心区域图
战国时期中心区域图	西晋时期中心区域图

东晋时期中心区域图

宋魏时期中心区域图

齐魏时期中心区域图

梁东魏西魏时期中心区域图

陈齐周时期中心区域图

隋时期中心区域图

唐时期中心区域图

五代十国时期中心区域图

辽北宋西夏时期中心区域图

金西夏时期形势图

南宋时期形势图

元时期中心区域图

明时期中心区域图

清中期疆域形势图

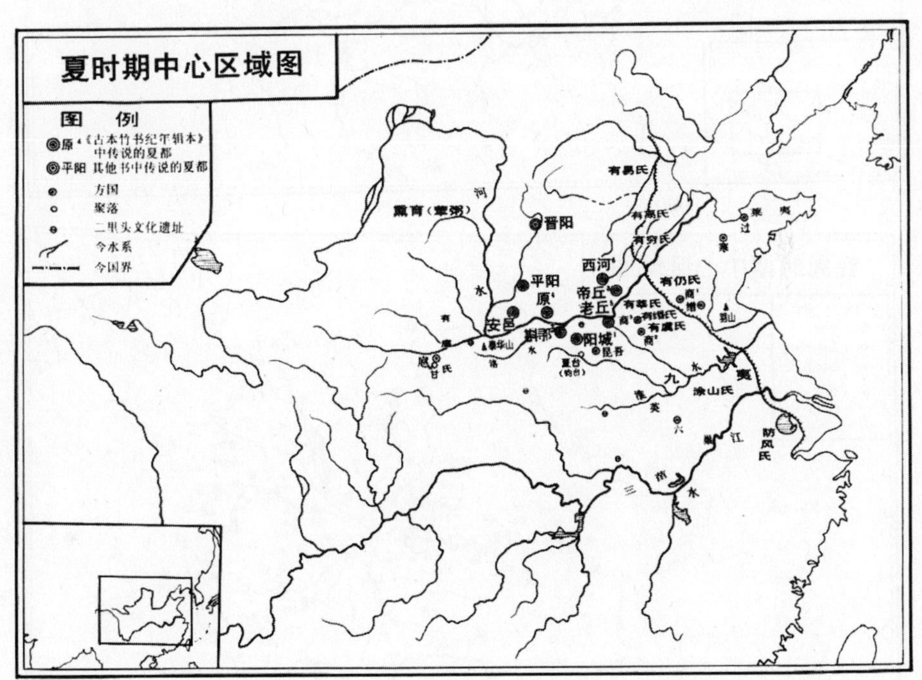

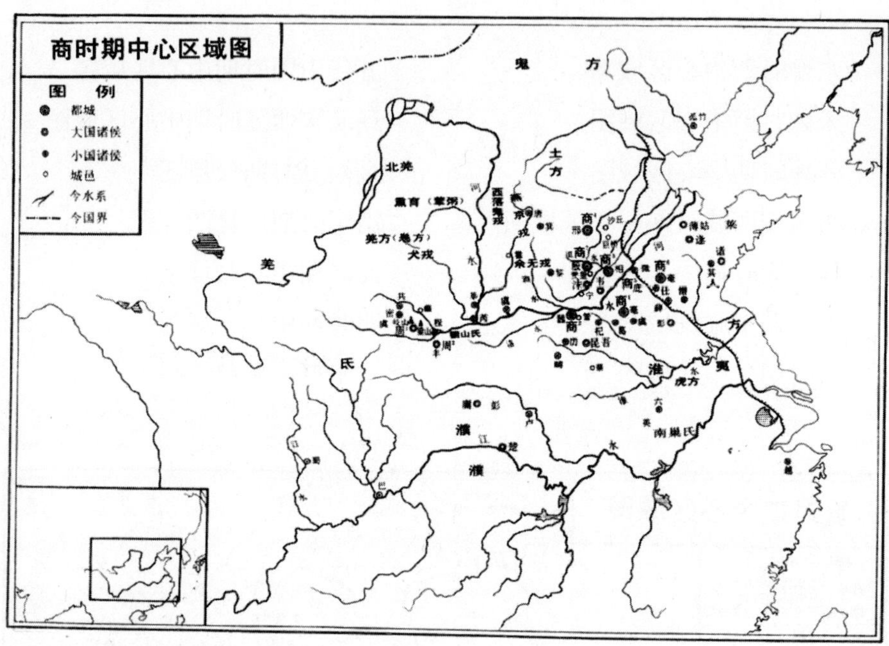

商时期中心区域图

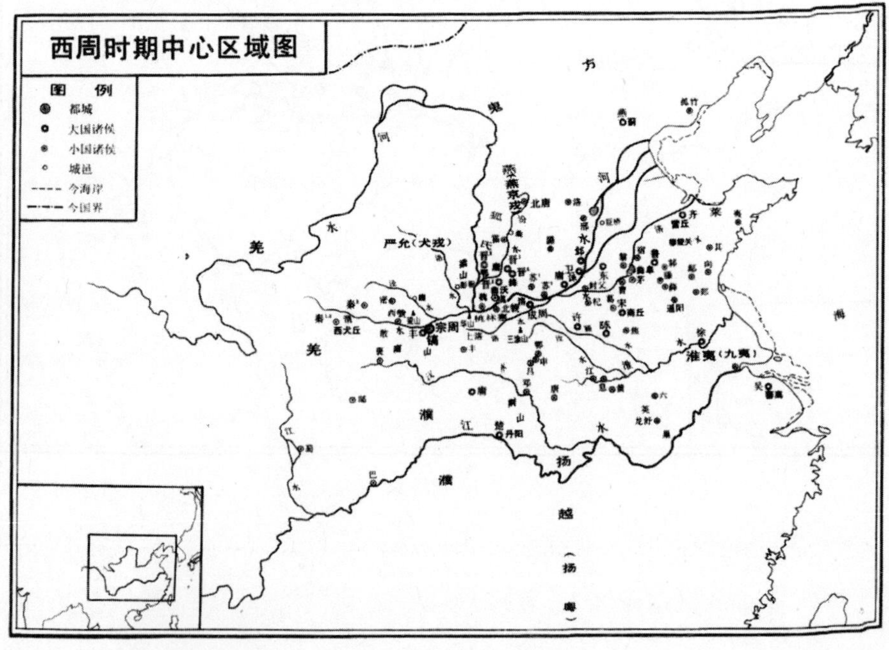

西周时期中心区域图

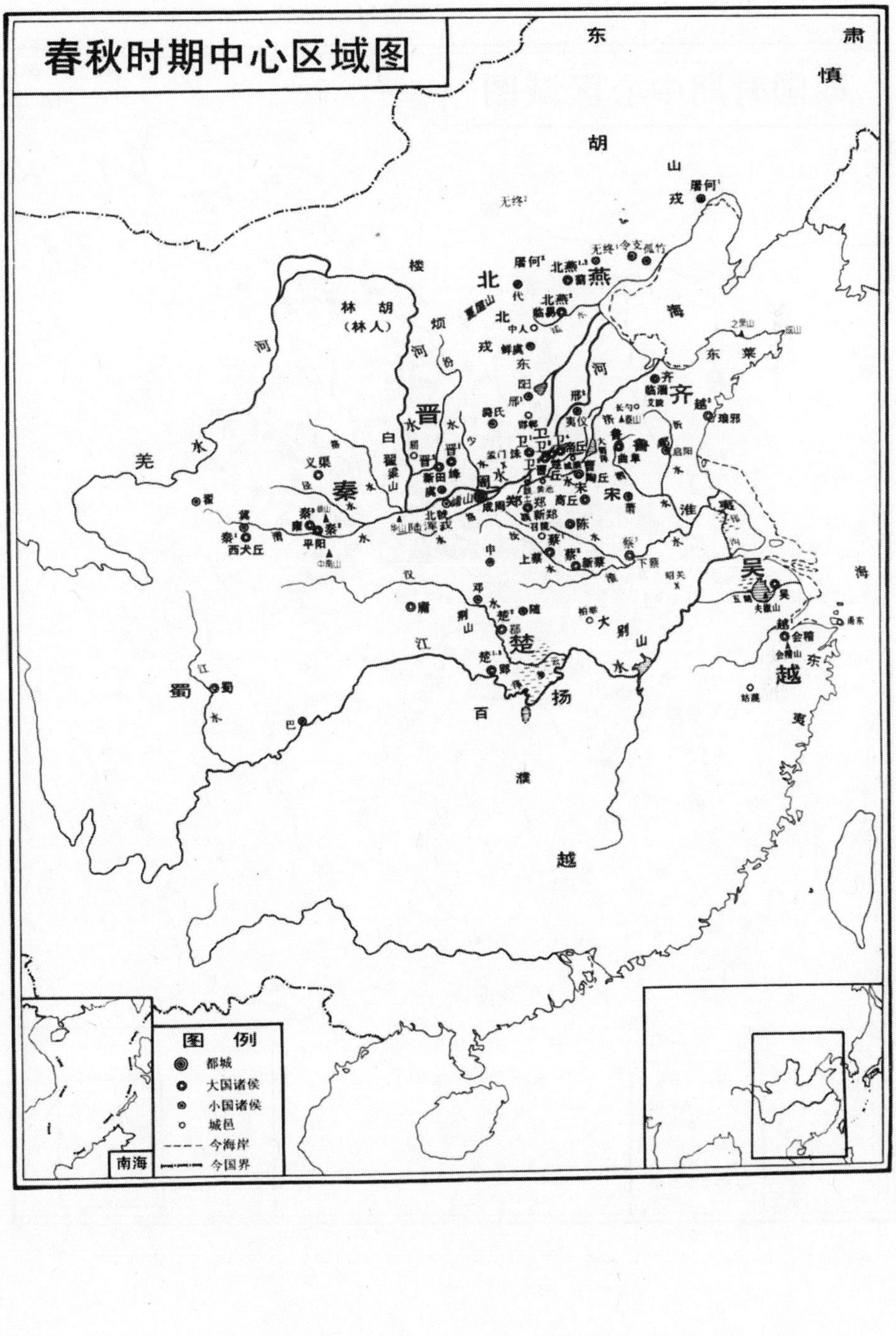

春秋时期中心区域图

图例

- 都城
- 大国诸侯
- 小国诸侯
- 城邑
- 今海岸
- 今国界

南海

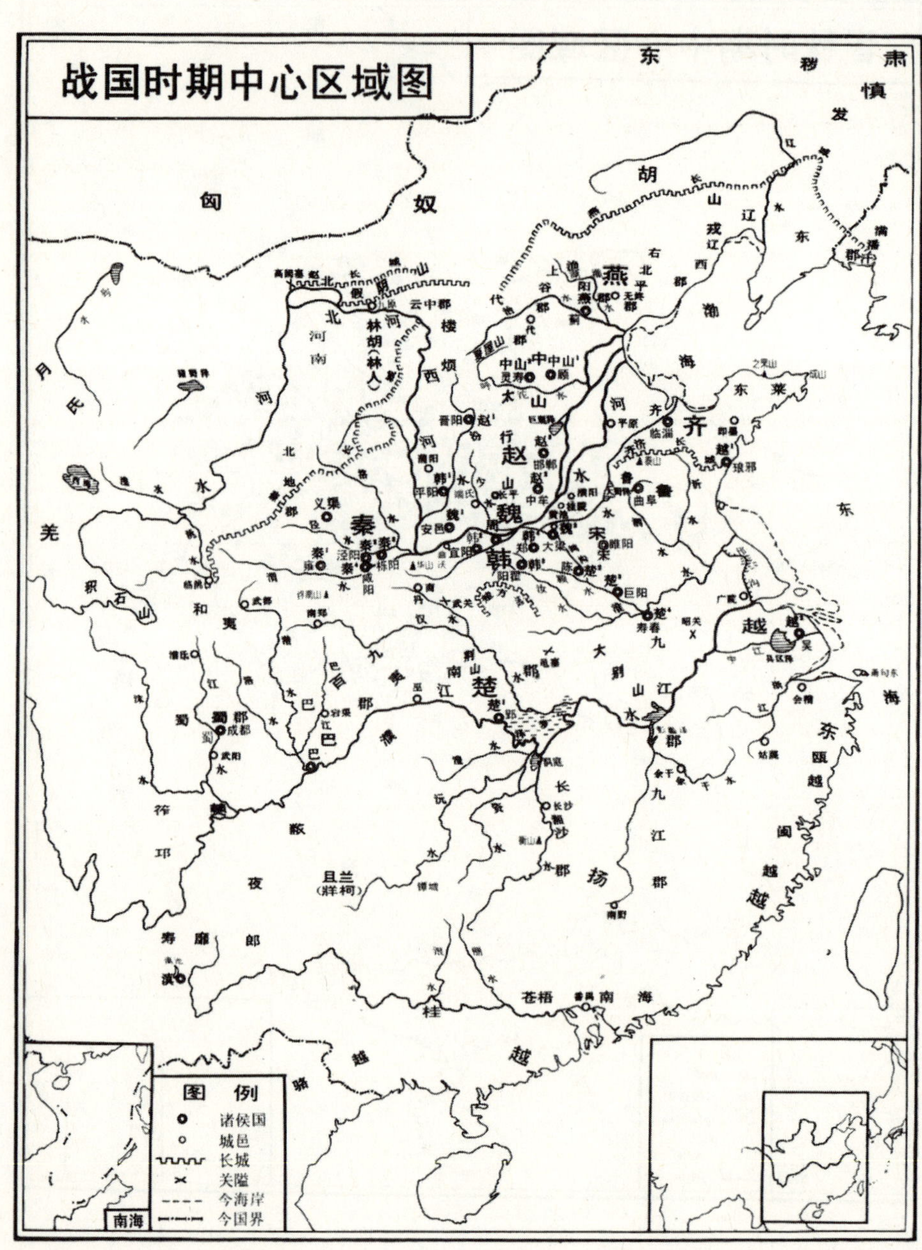
战国时期中心区域图
东
肃
慎
发
胡
匈
奴
月
氏
羌
燕
中山
赵
齐
秦
魏
韩
宋
鲁
楚
越
周
巴
蜀
夜
郎
南海
图例
诸侯国
城邑
长城
关隘
今海岸
今国界

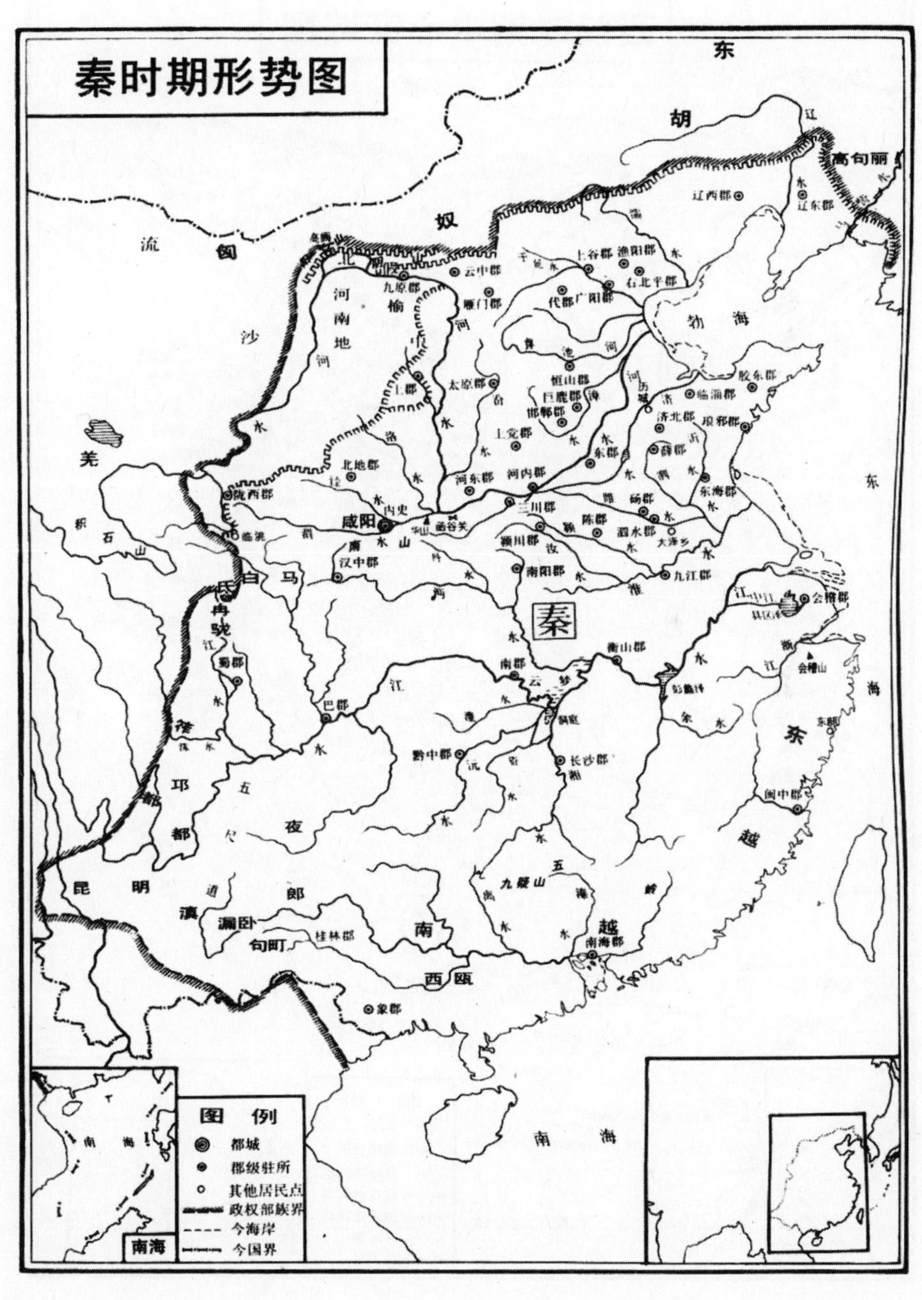
秦时期形势图
东
胡
高句丽
辽西郡
辽东郡
奴
流
匈
沙
云中郡
九原郡
上谷郡
渔阳郡
右北平郡
代郡
广阳郡
雁门郡
河
南
地
榆
渤
海
太原郡
恒山郡
巨鹿郡
邯郸郡
上郡
上党郡
胶东郡
临淄郡
济北郡
琅邪郡
东郡
薛郡
东海郡
羌
北地郡
河东郡
河内郡
陇西郡
三川郡
砀郡
积
石
山
咸阳
内史
函谷关
陈郡
泗水郡
颍川郡
大泽乡
临洮
汉中郡
南阳郡
九江郡
白
马
氐
冉
駹
秦
会稽郡
蜀郡
衡山郡
南郡
云
梦
会稽山
巴郡
洞庭
黔中郡
长沙郡
闽中郡
东
越
邛
都
五
夜
郎
九嶷山
五
岭
昆
明
滇
漏卧
句町
桂林郡
南
越
南海郡
西
瓯
象郡
南
海
图例
都城
郡级驻所
其他居民点
政权部族界
今海岸
今国界
南海

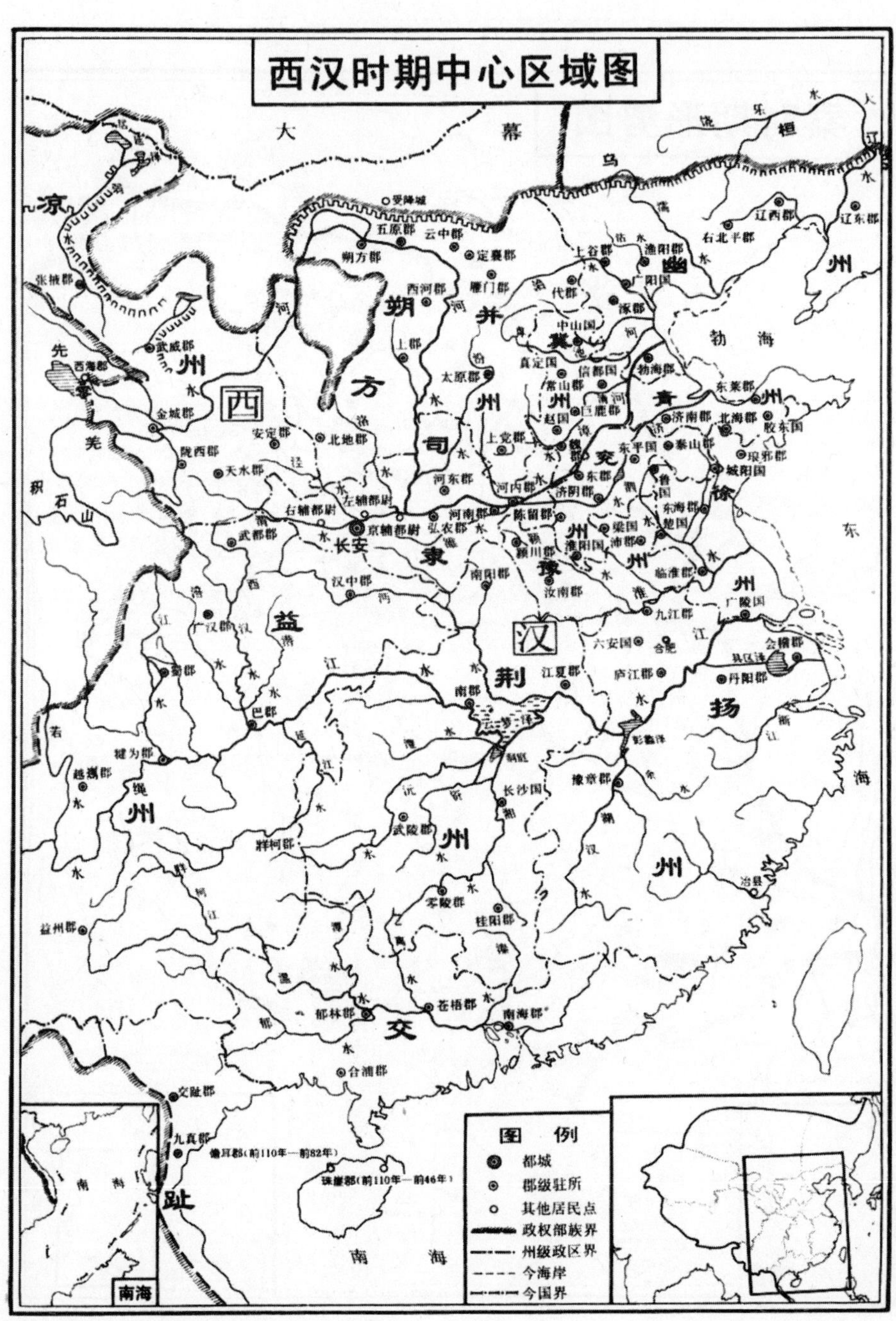
西汉时期中心区域图
长安
京辅都尉
左辅都尉
右辅都尉
五原郡
云中郡
定襄郡
朔方郡
西河郡
雁门郡
上郡
太原郡
上党郡
河东郡
河内郡
河南郡
弘农郡
陈留郡
南阳郡
汝南郡
颍川郡
淮阳国
沛郡
梁国
楚国
东海郡
临淮郡
九江郡
广陵国
六安国
合肥
庐江郡
会稽郡
丹阳郡
豫章郡
江夏郡
南郡
长沙国
武陵郡
零陵郡
桂阳郡
苍梧郡
南海郡
郁林郡
合浦郡
交趾郡
九真郡
牂柯郡
益州郡
犍为郡
越嶲郡
巴郡
蜀郡
广汉郡
汉中郡
武都郡
天水郡
陇西郡
安定郡
北地郡
金城郡
武威郡
张掖郡
西海郡
上谷郡
渔阳郡
广阳国
右北平郡
辽西郡
辽东郡
代郡
涿郡
中山国
真定国
信都国
常山郡
巨鹿郡
赵国
魏郡
勃海郡
东郡
济阴郡
东平国
泰山郡
济南郡
北海郡
胶东国
琅邪郡
城阳国
鲁国
东莱郡
冶县
儋耳郡(前110年—前82年)
珠崖郡(前110年—前46年)
凉州
朔方
并州
幽州
冀州
青州
兖州
徐州
豫州
司隶
西
汉
益州
荆州
扬州
交趾
勃海
南海
图例
都城
郡级驻所
其他居民点
政权部族界
州级政区界
今海岸
今国界

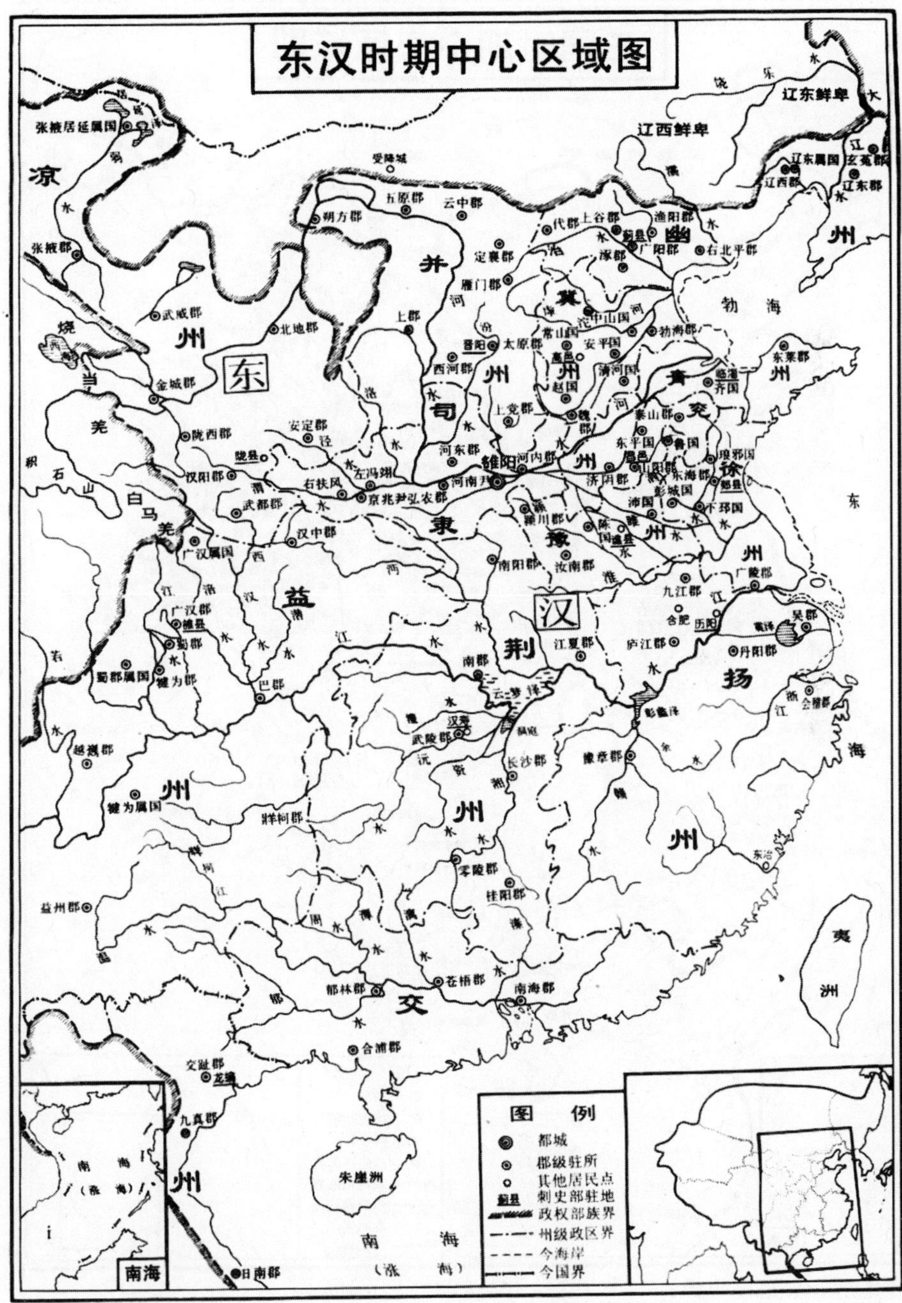
东汉时期中心区域图
张掖居延属国
凉
张掖郡
武威郡
州
金城郡
烧当羌
陇西郡
汉阳郡
积石山
白马羌
广汉属国
广汉郡
蜀郡属国
犍为郡
巴郡
越巂郡
犍为属国
益州郡
牂柯郡
受降城
朔方郡
五原郡
云中郡
定襄郡
雁门郡
上郡
北地郡
安定郡
西河郡
晋阳
太原郡
上党郡
河东郡
左冯翊
右扶风
京兆尹
弘农郡
河南尹
雒阳
河内郡
武都郡
汉中郡
南阳郡
南郡
江夏郡
武陵郡
长沙郡
零陵郡
桂阳郡
豫章郡
庐江郡
九江郡
丹阳郡
吴郡
会稽郡
广陵郡
下邳国
彭城国
沛国
陈国
汝南郡
颍川郡
济阴郡
山阳郡
东平国
泰山郡
鲁国
东海郡
琅邪国
齐国
临淄
东莱郡
济南
魏郡
赵国
常山国
中山国
安平国
清河国
渤海郡
涿郡
广阳郡
蓟县
上谷郡
代郡
渔阳郡
右北平郡
辽西郡
辽东属国
辽东郡
玄菟郡
辽西鲜卑
辽东鲜卑
郁林郡
苍梧郡
南海郡
合浦郡
交趾郡
龙编
九真郡
日南郡
朱崖洲
夷洲
东冶
并
州
幽
州
冀
州
司
州
兖
州
青
州
徐
州
豫
州
荆
州
扬
州
益
州
交
州
东
汉
渤海
东
海
南
海
（涨
海）
南海
（涨海）
图例
都城
郡级驻所
其他居民点
刺史部驻地
政权部族界
州级政区界
今海岸
今国界

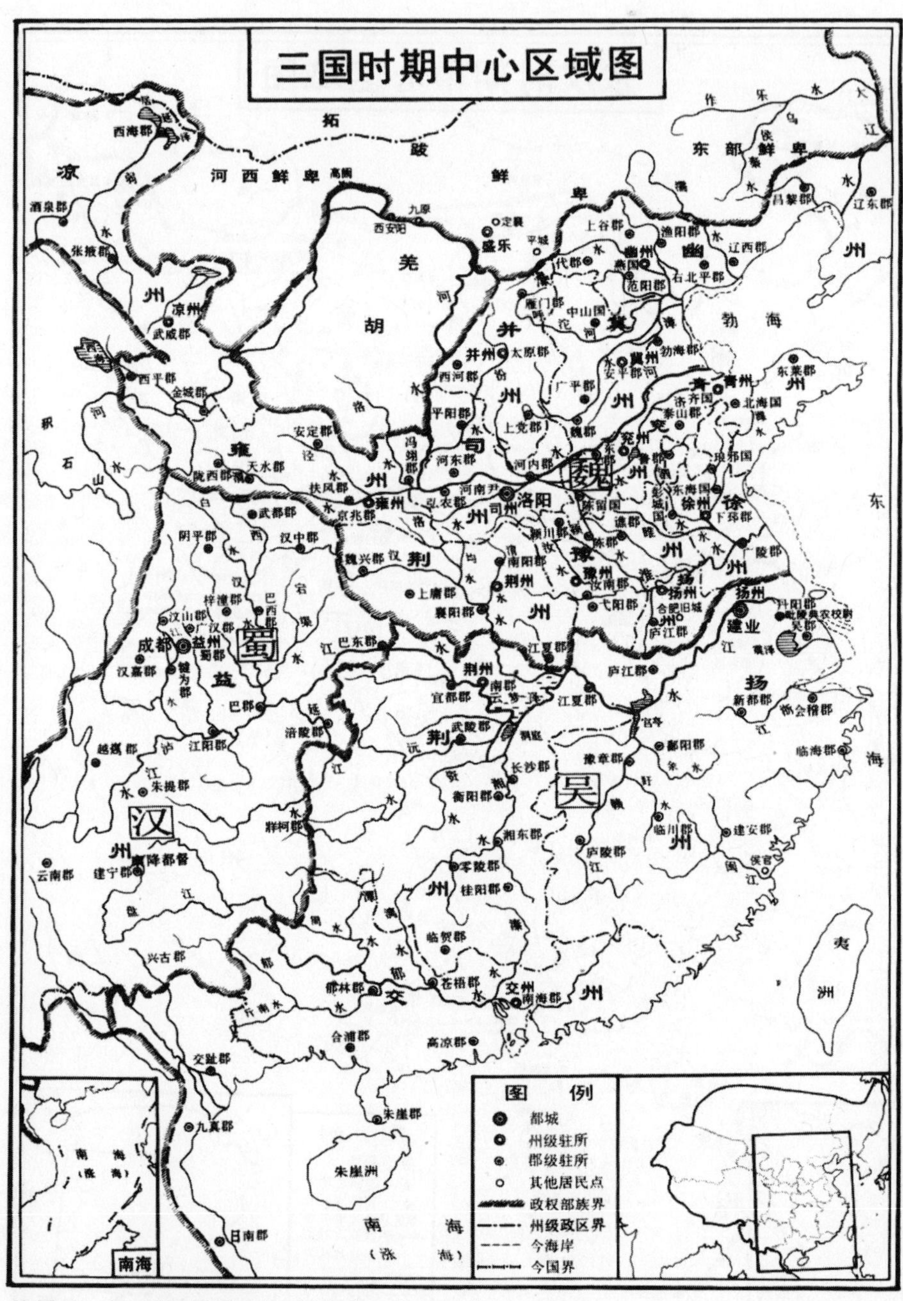

魏景元三年、蜀汉景耀五年、吴永安五年(262 年)

西晋时期中心区域图
鲜
卑
大
漠
西
凉
州
秦
雍
州
梁
益
州
荆
州
晋
扬
州
徐
州
豫
州
冀
州
幽
并
州
青
州
兖
洛阳
宁
州
交
州
广
州
渤
海
东
海
南
海
图
例
都城
州级驻所
郡级驻所
其他居民点
政权部族界
今海岸
今国界
南海

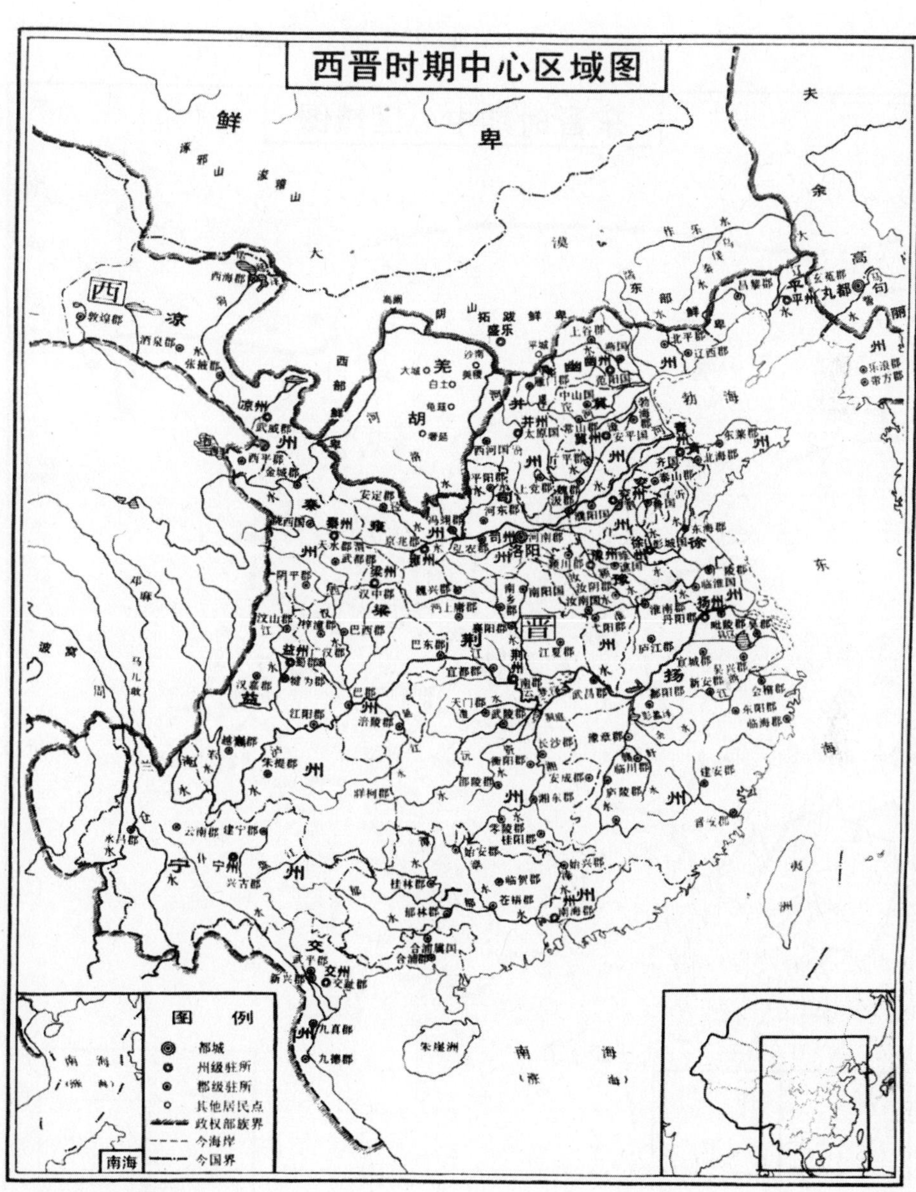

太康二年(281 年)

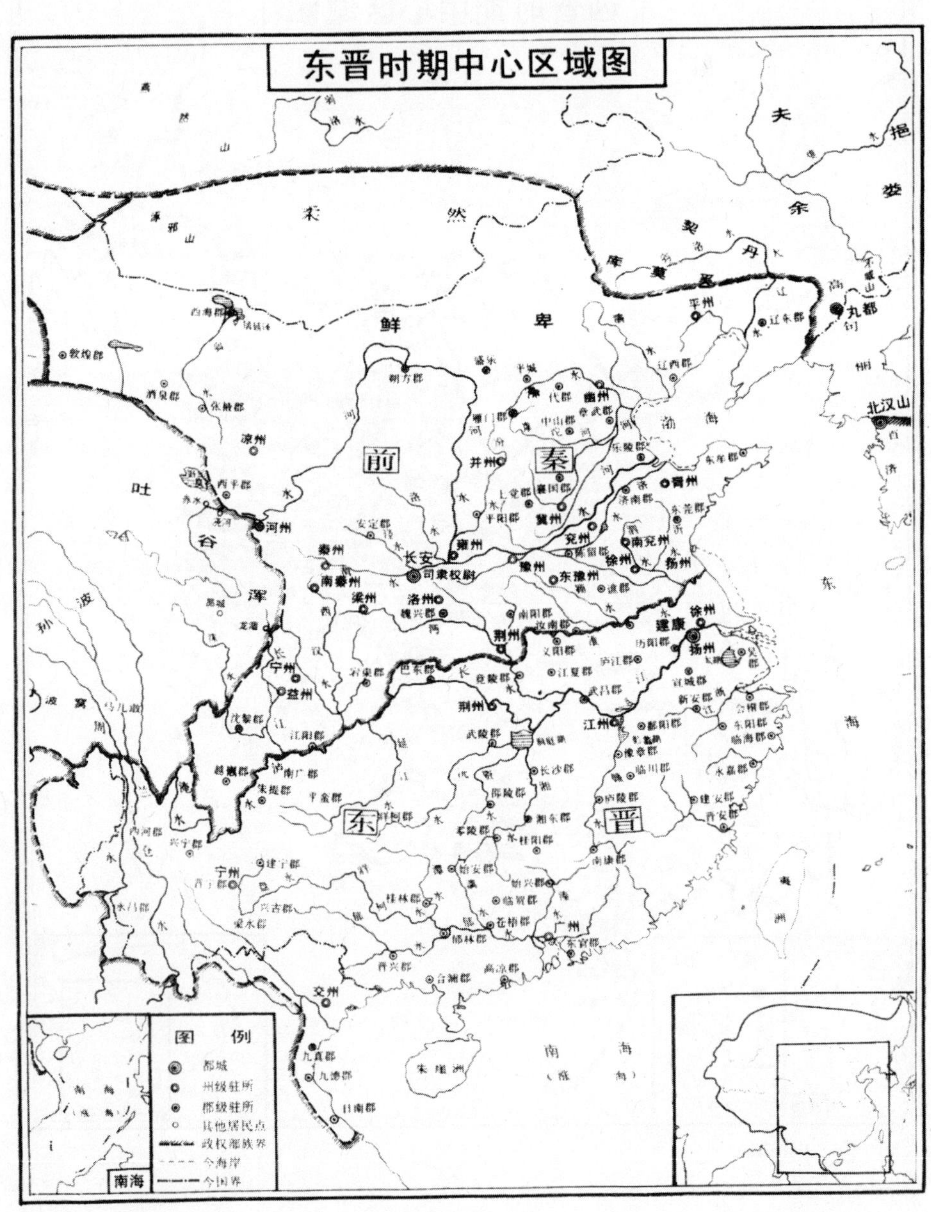

晋太元七年、前秦建元十八年(382 年)

宋元嘉二十六年、魏太平真君十年(449年)

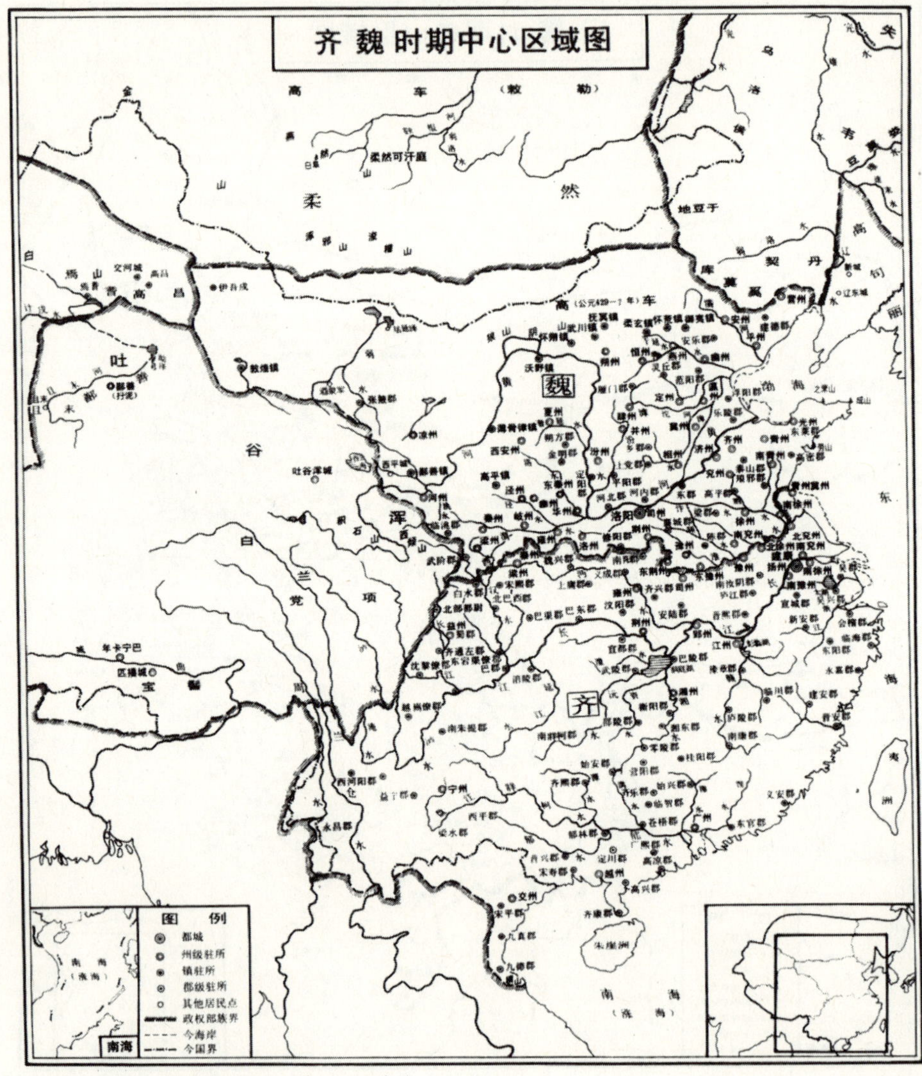

齐建武四年、魏太和二十一年（497 年）

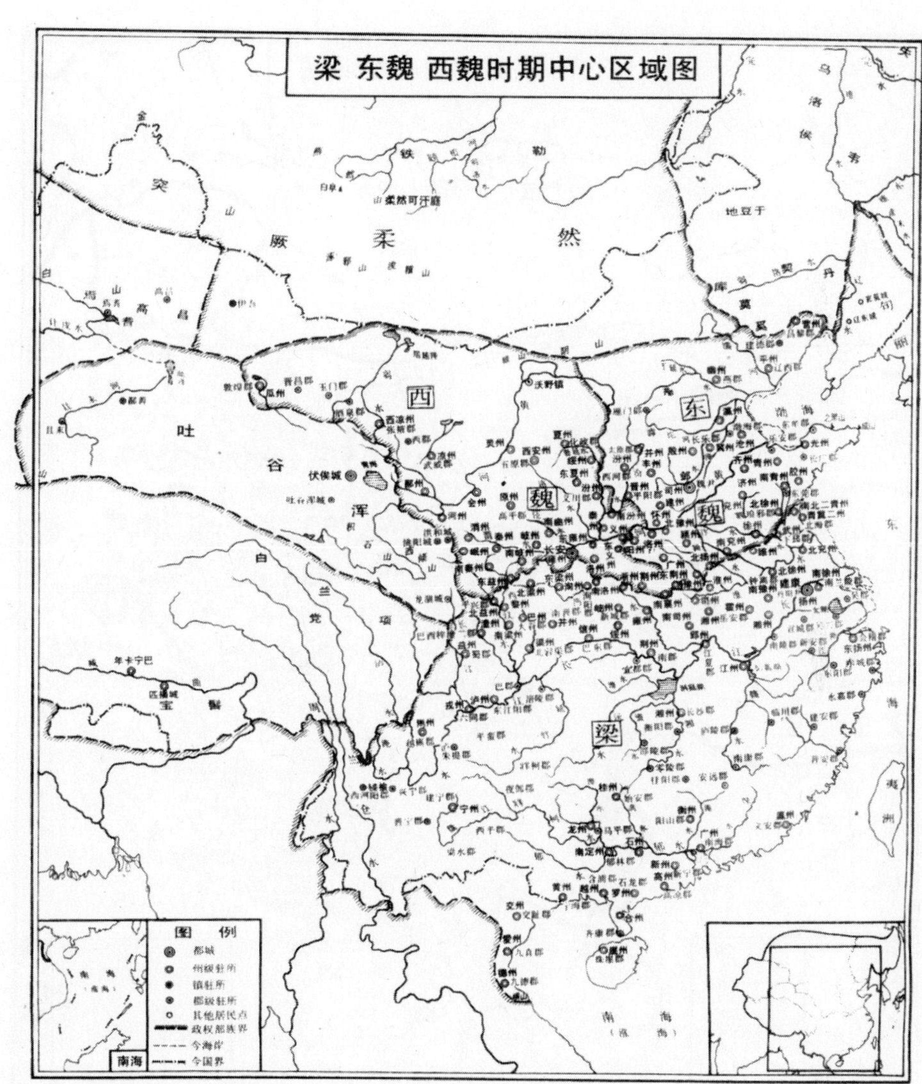

梁中大同元年、东魏武定四年、西魏大统十二年(546 年)

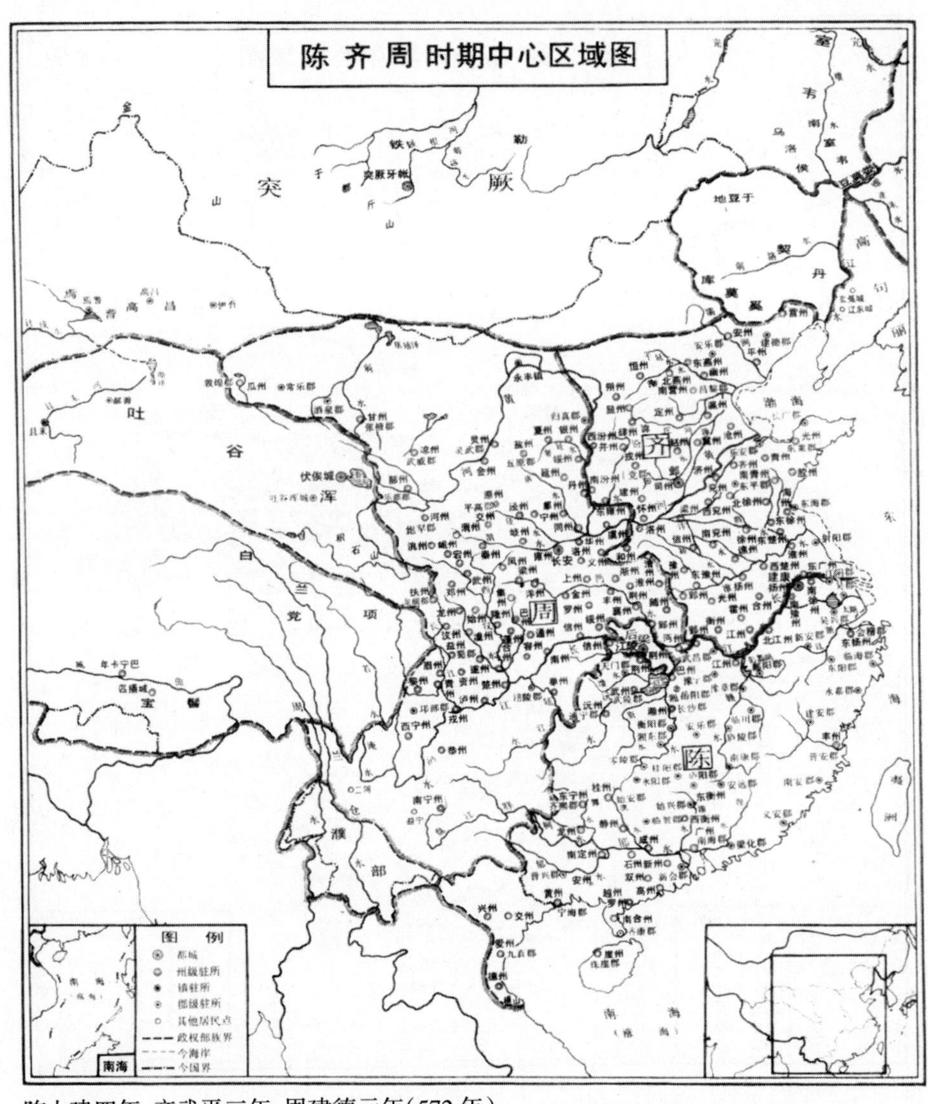

陈太建四年、齐武平三年、周建德元年(572 年)

隋时期中心区域图
契
丹
奚
辽东郡
柳城郡
燕郡
北平郡
安乐郡
渔阳郡
涿郡
五原郡
定襄郡
榆林郡
马邑郡
雁门郡
上谷郡
博陵郡
河间郡
张掖郡
武威郡
西海郡
西平郡
灵武郡
朔方郡
盐川郡
雕阴郡
离石郡
楼烦郡
太原郡
赵郡
信都郡
渤海郡
渤海
东莱郡
河源郡
浇河郡
会宁郡
金城郡
平凉郡
弘化郡
延安郡
龙泉郡
文城郡
襄国郡
武安郡
平原郡
北海郡
高密郡
枹罕郡
临洮郡
安定郡
上郡
北地郡
临汾郡
绛郡
上党郡
魏郡
武阳郡
齐郡
东平郡
陇西郡
天水郡
冯翊郡
河东郡
长平郡
东郡
琅邪郡
济阴郡
东海郡
京师
弘农郡
东都
荥阳郡
宕昌郡
汉阳郡
河池郡
京兆郡
上洛郡
河南郡
梁郡
彭城郡
同昌郡
武都郡
顺政郡
襄城郡
淮阳郡
谯郡
平武郡
汉川郡
淅阳郡
南阳郡
汝南郡
汝阴郡
汶山郡
义城郡
西城郡
淮安郡
春陵郡
钟离郡
江都郡
清化郡
房陵郡
丹阳郡
毗陵郡
吴郡
金山郡
巴西郡
通川郡
巴东郡
襄阳郡
隋
安陆郡
弋阳郡
庐江郡
历阳郡
宕渠郡
夷陵郡
竟陵郡
永安郡
同安郡
宣城郡
临邛郡
资阳郡
眉山郡
清江郡
江南郡
沔阳郡
江夏郡
蕲春郡
余杭郡
新安郡
会稽郡
涪陵郡
巴郡
黔安郡
澧阳郡
巴陵郡
九江郡
遂安郡
东阳郡
犍为郡
泸川郡
武陵郡
洞庭湖
彭蠡湖
鄱阳郡
越巂郡
明阳郡
沅陵郡
长沙郡
豫章郡
临川郡
永嘉郡
牂牁郡
宜春郡
庐陵郡
衡山郡
零陵郡
建安郡
桂阳郡
南康郡
始安郡
熙平郡
流求
义安郡
苍梧郡
南海郡
郁林郡
永平郡
龙川郡
宁越郡
永熙郡
合浦郡
高凉郡
交趾郡
九真郡
日南郡
儋耳郡
珠崖郡
临振郡
南海
（涨海）
南海
（涨海）
图例
都城
郡级驻所
其他居民点
政权部族界
今海岸
今国界

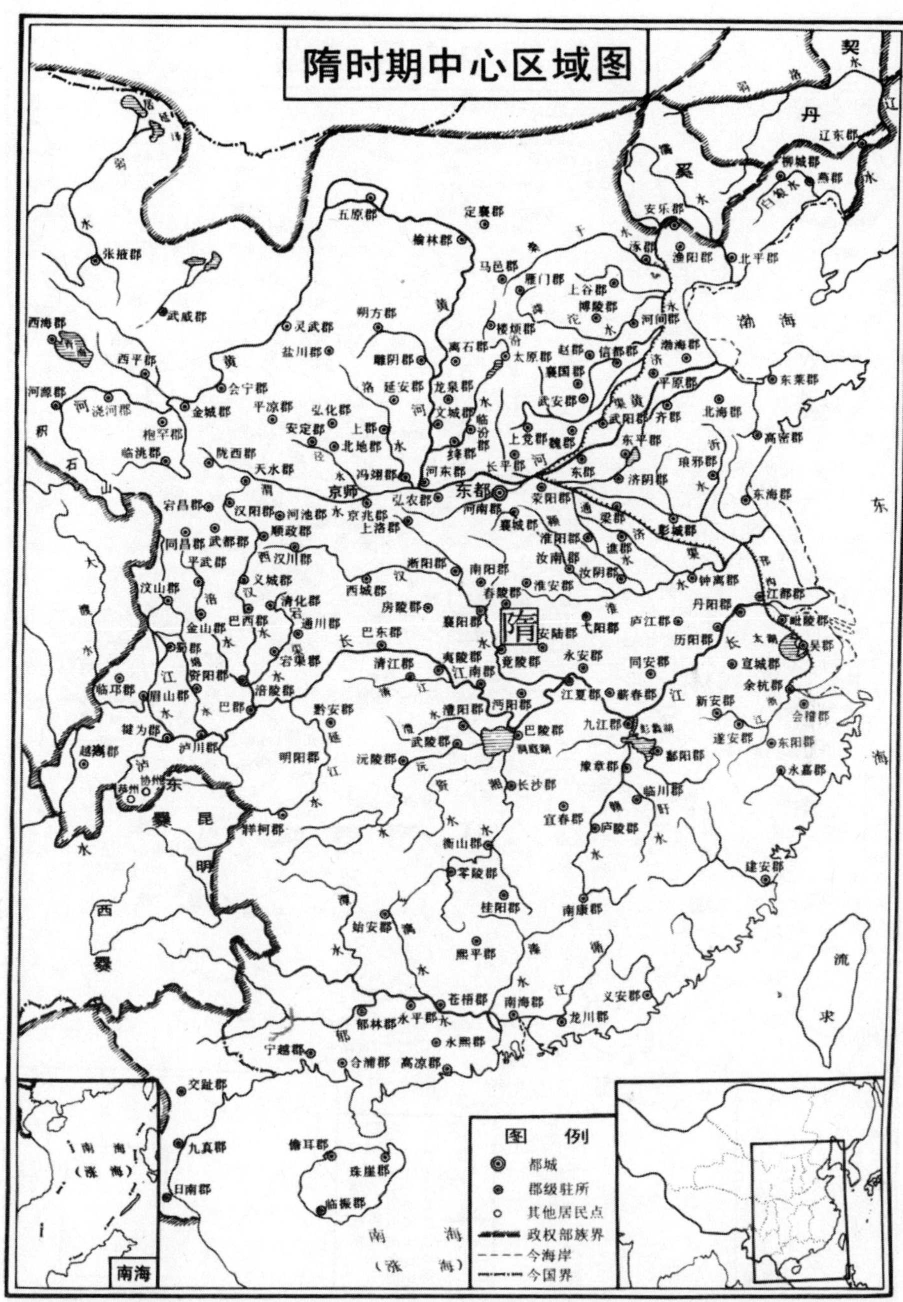

大业八年(612年)

唐时期中心区域图
关内道
河北道
河东道
河南道
京畿道
都畿道
山南东道
山南西道
淮南道
江南东道
江南西道
黔中道
剑南道
岭南道
陇右道
吐蕃
突厥
南海
图例
都城
道级驻所
府、州级驻所
其他居民点
政权部族界
道级政区界
今海岸
今国界
开元二十九年(741年)

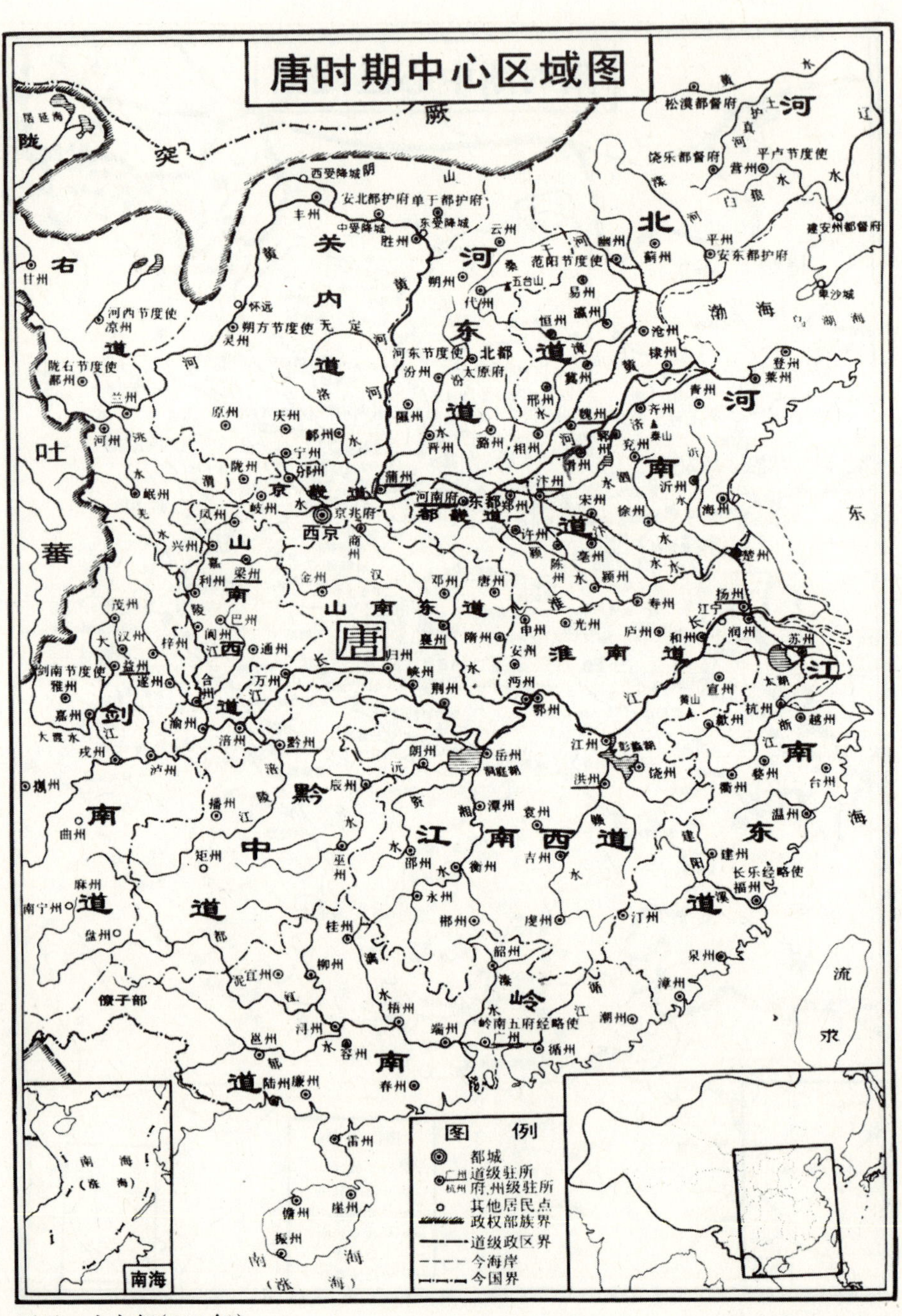

五代十国时期中心区域图
黑车子室韦
辽
上京
临潢府
饶州
仪坤州
龙化州
辽州
东京
辽阳府
蓟州
锦州
铁州
平州
苏州
南京
幽都府
（燕京）
渤海
达靼
阴山
应天军
丰州
胜州
云州
甘州
凉州
（西凉府）
河西
党项
灵州
夏州
定难
太原府
北京
恒州
沧州
邢州
广晋府
邺都
齐州
青州
兖州
延州
鄜州
泾州
秦州
凤翔府
晋州
潞州
相州
河中府
晋
西京
东京
开封府
宋州
华州
陕州
京兆府
河南府
郑州
许州
徐州
兴元府
利州
金州
邓州
寿州
东都
江都府
西都
江宁府
庐州
宣州
池州
南
唐
阆州
梓州
成都府
后
蜀
雅州
遂州
夔州
南平
江陵府
鄂州
江州
洪州
彭蠡湖
抚州
苏州
西府
东府
杭州
越州
吴越
婺州
温州
建州
殷
长乐府
闽
泉州
漳州
汀州
虔州
朗州
长沙府
黔州
楚
桂州
柳州
连州
梧州
建昌府
大
昆明
大播州
牂牁
理
鄯阐府
石城郡
兴王府
南汉
齐昌府
邕州
崖州
南海
（涨海）
流求
图例
都城
府、州级驻所
其他居民点
政权部族界
今海岸
今国界

晋天福八年(943年)

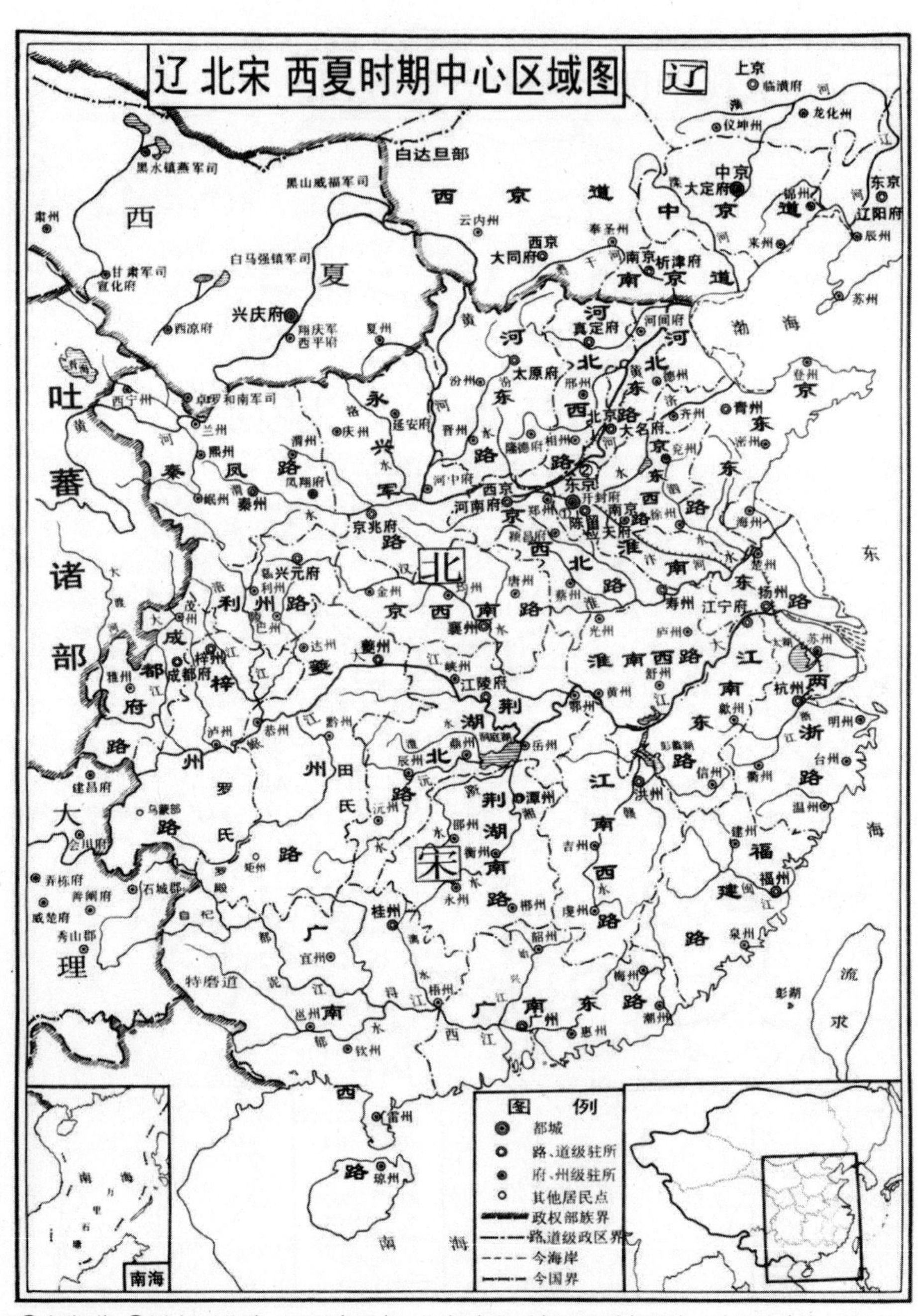

①京畿道 ②属京西北路 辽天庆元年、北宋政和元年、西夏贞观十一(1111年)

金 西夏时期形势图
蒲与路
上京路
胡里改路
蒙古
大斡耳朵
西辽
西夏
中兴府
吐蕃等部
西京路
大同府
大兴府
开京
南宋
图例
都城
路级驻所
府州级驻所
其他居民点
政权部族界
路级政区界
今海岸
今国界

南宋时期形势图
金
南京路
吐蕃等部
利州西路
利州东路
京兆府路
京西南路
淮南东路
淮南西路
两浙西路
两浙东路
临安府
成都府路
潼川府路
夔州路
荆湖北路
江南东路
江南西路
荆湖南路
福建路
广南东路
广南西路
南宋
大理
流求
南海
图例
都城
路级驻所
府州级驻所
其他居民点
政权部族界
路级政区界
今海岸
今国界

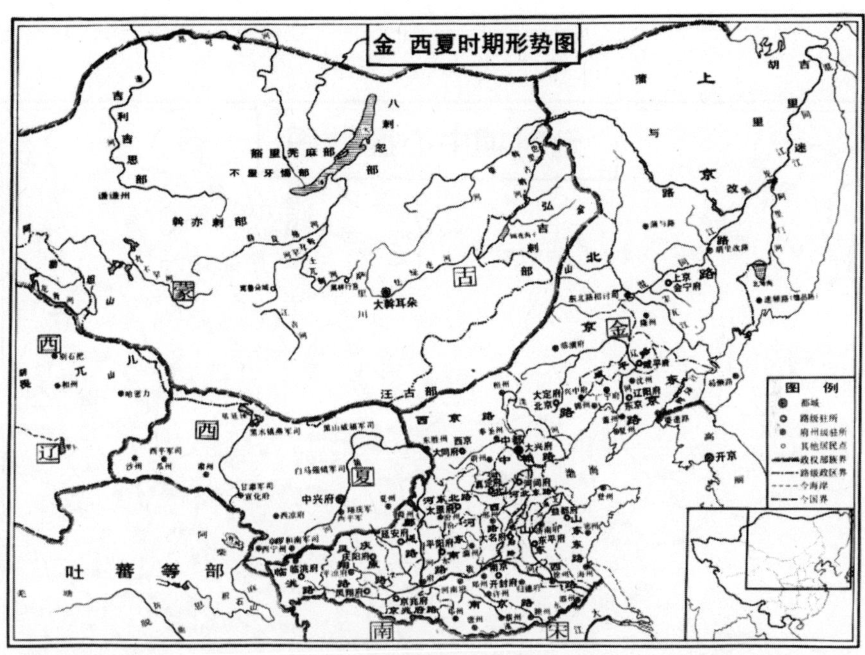

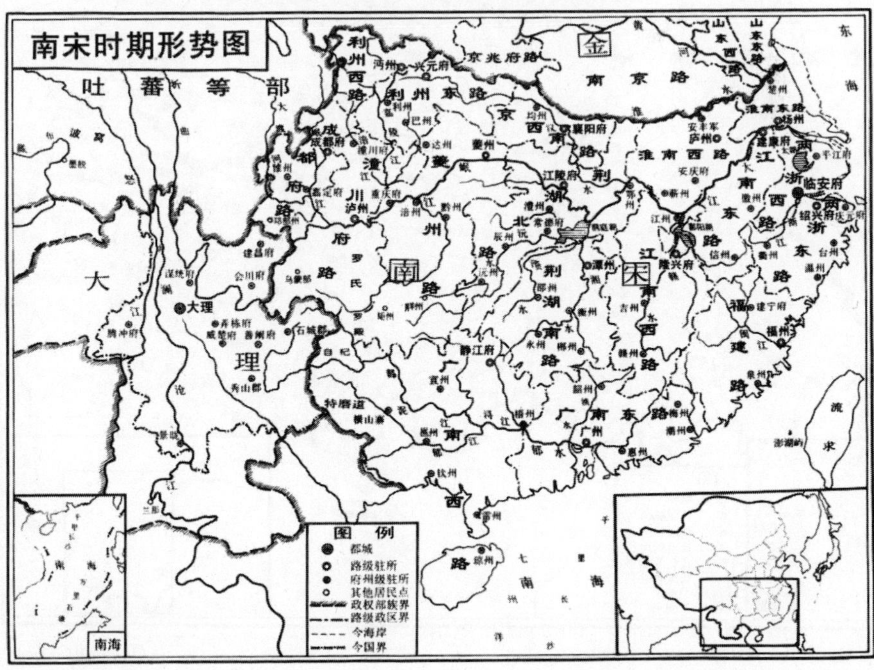

嘉定元年（1208 年）

至顺元年(1330年)　　①属湖广行省

明时期中心区域图
图例
都城
省级驻所
府级驻所
其他居民点
明长城
政权部族界
省级政区界
今海岸
今国界
南海
京师
顺天府
南京
应天府
山东
山西
河南
陕西
四川
湖广
江西
浙江
福建
广东
广西
贵州
云南
西安府
成都府
太原府
济南府
开封府
武昌府
南昌府
杭州府
福州府
广州府
桂林府
贵阳府
云南府
鞑靼土默特部
满官嗔(土默特)
朵甘思宣慰司
渤海
东海
南海

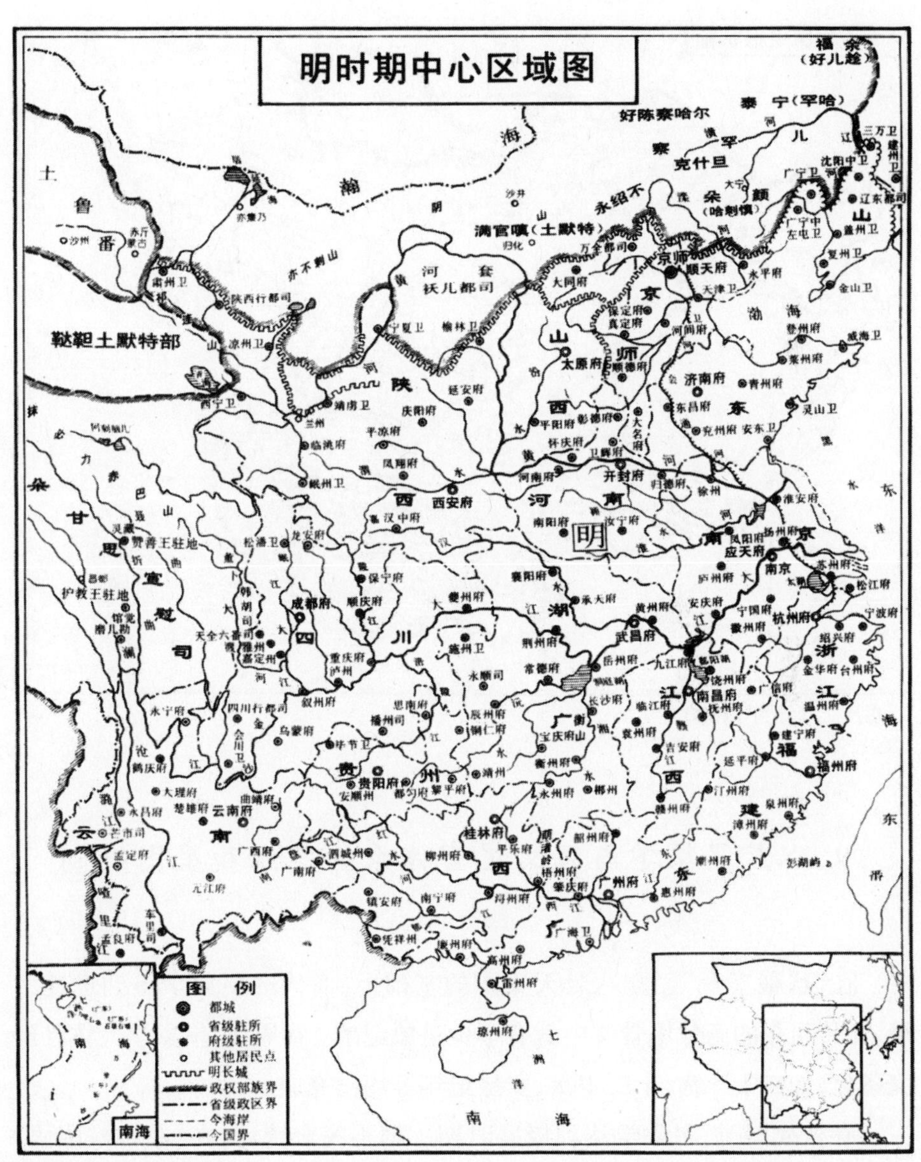

万历十年(1582年)

嘉庆二十五年(1820年)

四、八卦星象学与天文星官体系的建立和星图绘制

在“伏羲皇帝”创立八卦天文图的基础上，商代的星象学得到迅速发展，流传至今的商代甲骨文中就有不少星象纪事。到周代，星象学大体已经完备化，如二十八宿、十二岁次、岁星纪年等均已完成。

春秋战国时，星象学达到极盛时期。据不完全统计，在《左传》《国语》中，关于星象的记载有四十多条，出面进行解说的星象学专家有二十多人；其中内容涉及到阴阳学说、岁星纪年、云气、五大行星、十二岁次、陨星、慧星、月晦、日食、二十八星宿分野等。现在考古中发现的秦代《五星占》中的内容，就是春秋战国以来星象学的总结。据《汉书·艺文志》记载，专门列为“天文”一类的各种星象书籍有几十种。

随着星象学的发展，中国人建立了自己的星区划分体系。我国古天文学家把天上的恒星分为若干个一组，每组合定一个名称，这样的恒星组合称为星官。其中，各个星官所包含的星数多寡不等，少到一个，多到几十个，所占的天区范围也各不相同。

据初步统计，在先秦的典籍中记载有三十八个星官。《史记·天官书》中记载九十一个。春秋战国时代，甘德、石申、巫咸等，各自建立自己的星官体系。据《汉书·天文志》中记载，“经星常宿中外官凡一百一十八名，积数七百八十三星。”张衡所著《灵宪》中：“中外之官常名者百有二十四，可名者三百二十，为星两千五百。”

到三国时代，吴国的太史令陈卓，综合甘、石、巫三家星官，编撰成二百八十三官一千四百六十四颗恒星的星表，并绘制成星图（该星表、星图已散佚）。在晋、隋、唐时期，我国的星区划分体系趋于成熟，此后历代沿用达数千年之久。

随着天文事业的发展，我国星图绘制内容不断丰富。《周髀算经》中就记有七衡图的全天星图。可以反映一天内和一年中夜晚所见星空的大致情况。汉朝的星图所载恒星一百一十八组，共有七百八十三颗。三国陈卓所画星图恒星二百八十三组，共有一千四百六十四颗。而闻名于世的宋代苏州石刻天文图，图上有银河，并有通过二十八宿距星的经线二十八条，共有一千四百三十四颗星。

在敦煌发现的唐代星图，则是把北极周围紫微垣附近画成圆图，其它的星按照太阳在十二个月的位置所在分为十二块画为横图，图中有一千三百五十多颗星，是目前世界上所存星图中星数最多、距今最远的一张星图。

这些星图为后来天文学确定黄道天区十二星座的时间提供了依据。“十二星座”分别为：摩羯星座、宝瓶星座、双鱼星座、白羊星座、金牛星座、双子星座、巨蝎星座、狮子星座、室女星座、天秤星座、天蝎星座、人马星座。

在八卦中“十二星座”对应十二月卦。其中以六爻位的变化来表示节气的变化，并确定公历和农历的时间，也为“八卦罗盘”上的相应刻度提供了数字依据，以此反映太阳、月亮、地球的周年视、周日视运行规律。

纵观历史可以看出：我国古代在天文星图的绘制历史悠久，源远流长，承继不断，从中展现出中华民族祖先的高超智慧。

附图如下：四季星象图

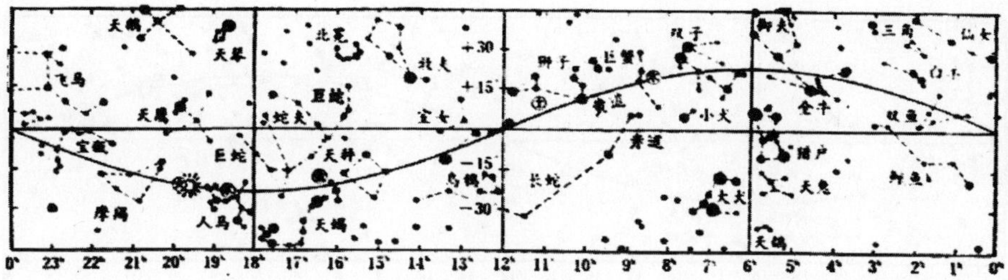

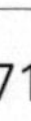

一月天象

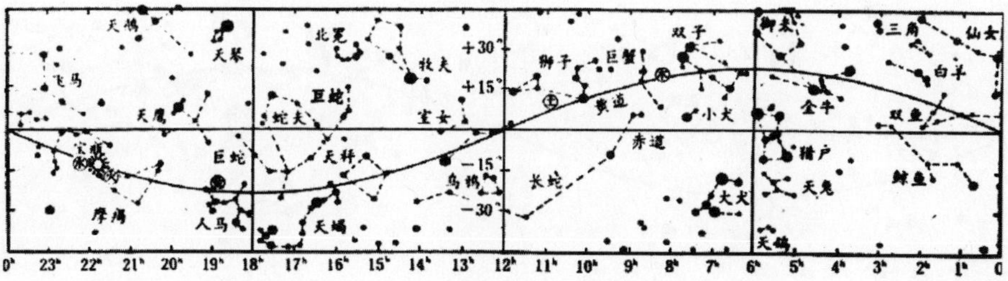

二月天象

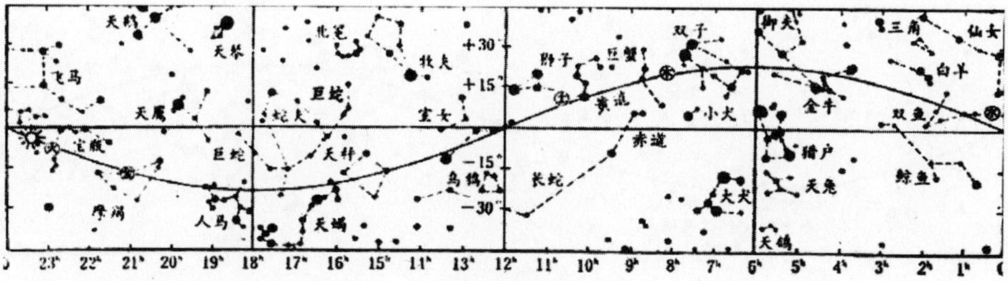

三月天象

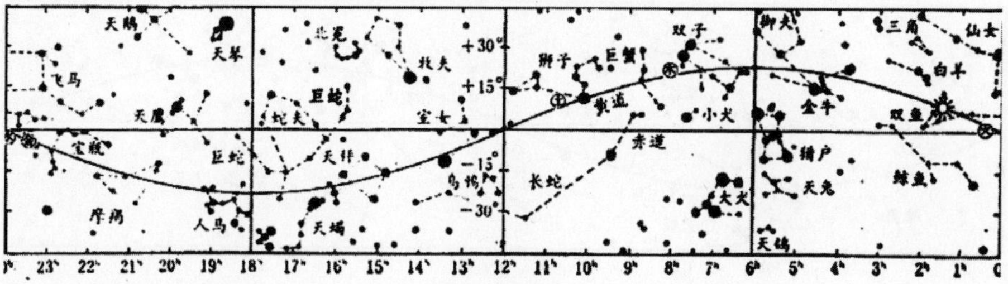

四月天象

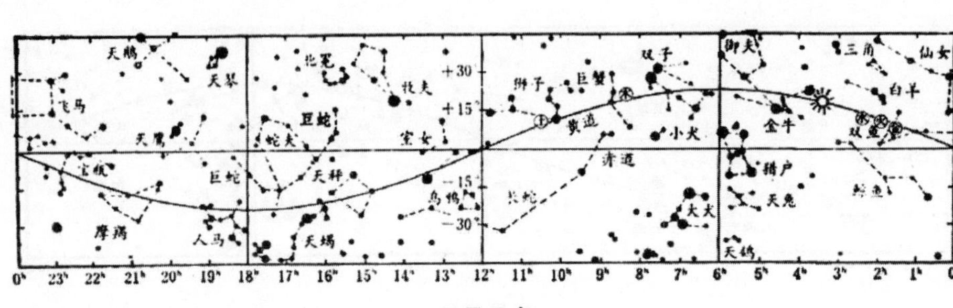

五月天象

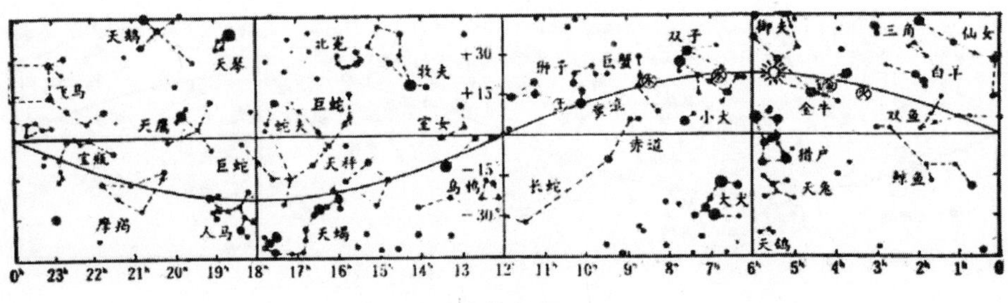

六月天象

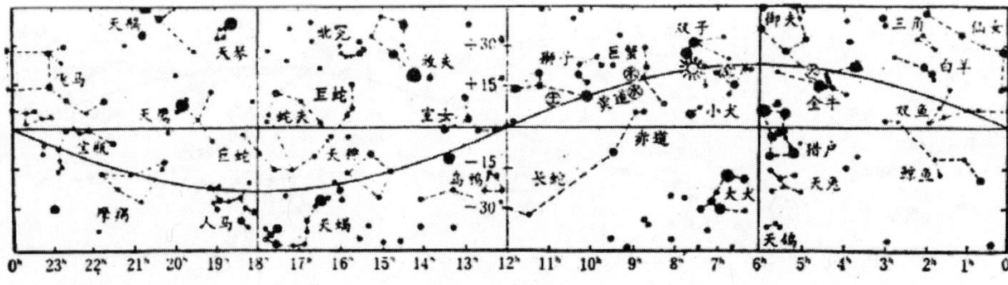

七月天象

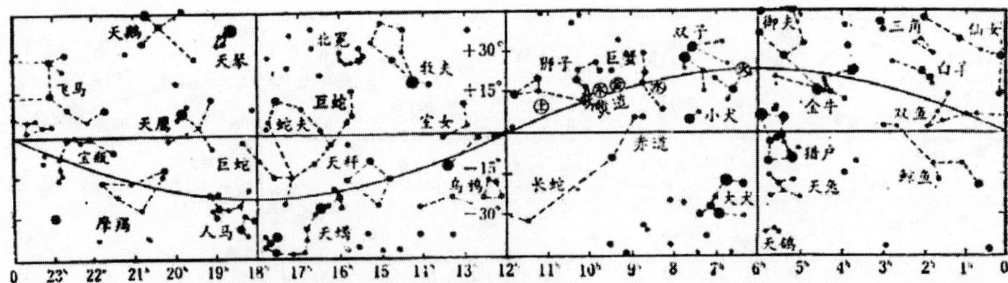

八月天象

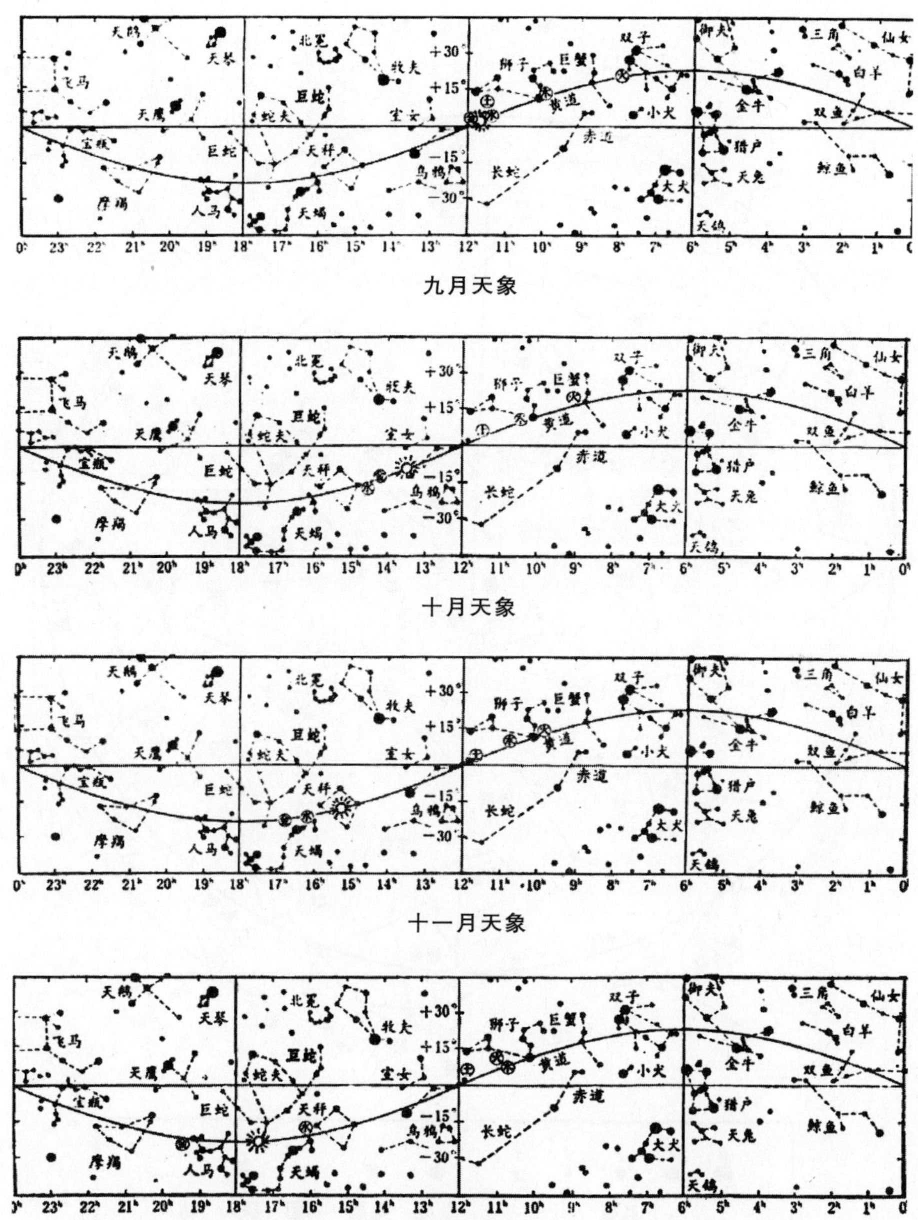

九月天象

十月天象

十一月天象

十二月天象

春 夜 星 图

三月晚 9-11 时　四月晚 8-10 时　五月晚 7-9 时

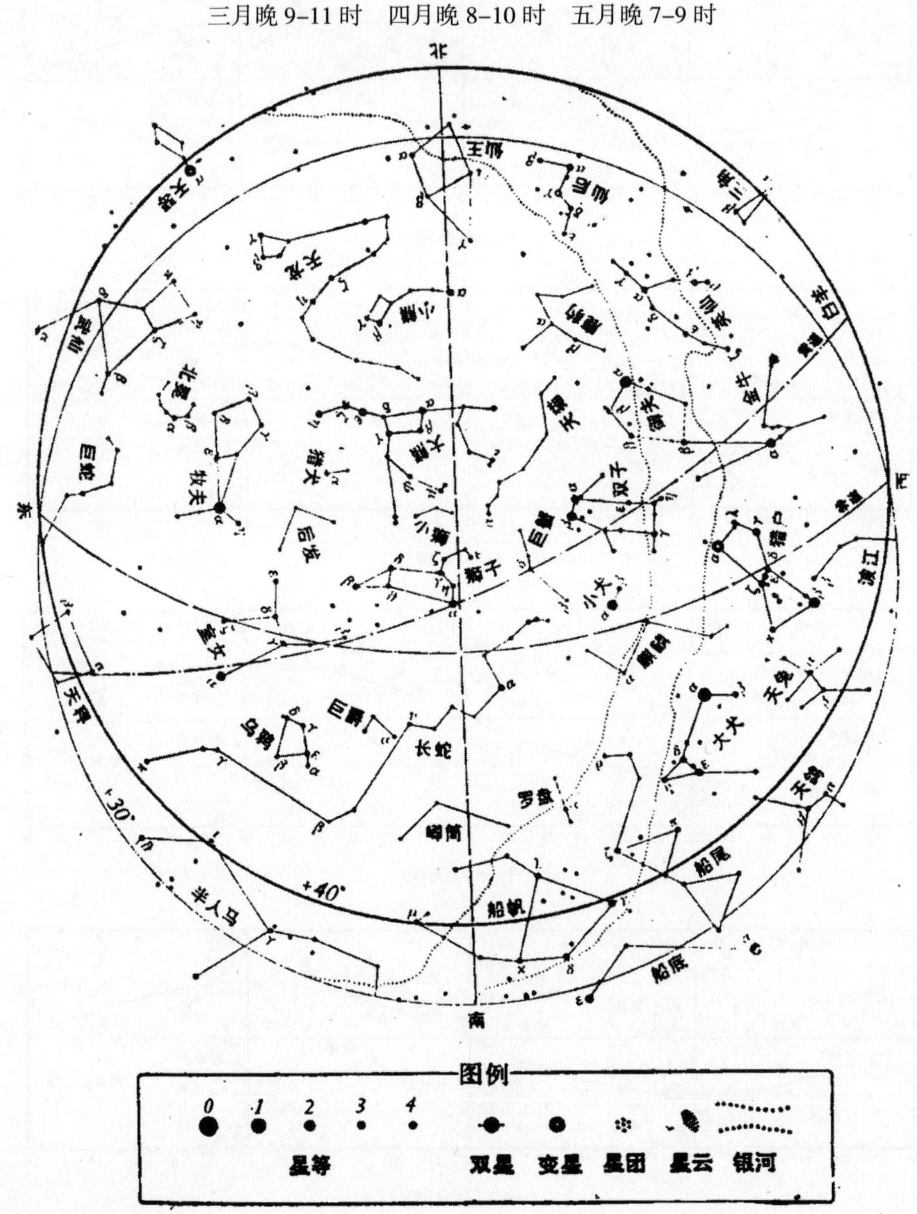

夏 夜 星 图

六月晚 9–11 时　七月晚 8–10 时　八月晚 7–9 时

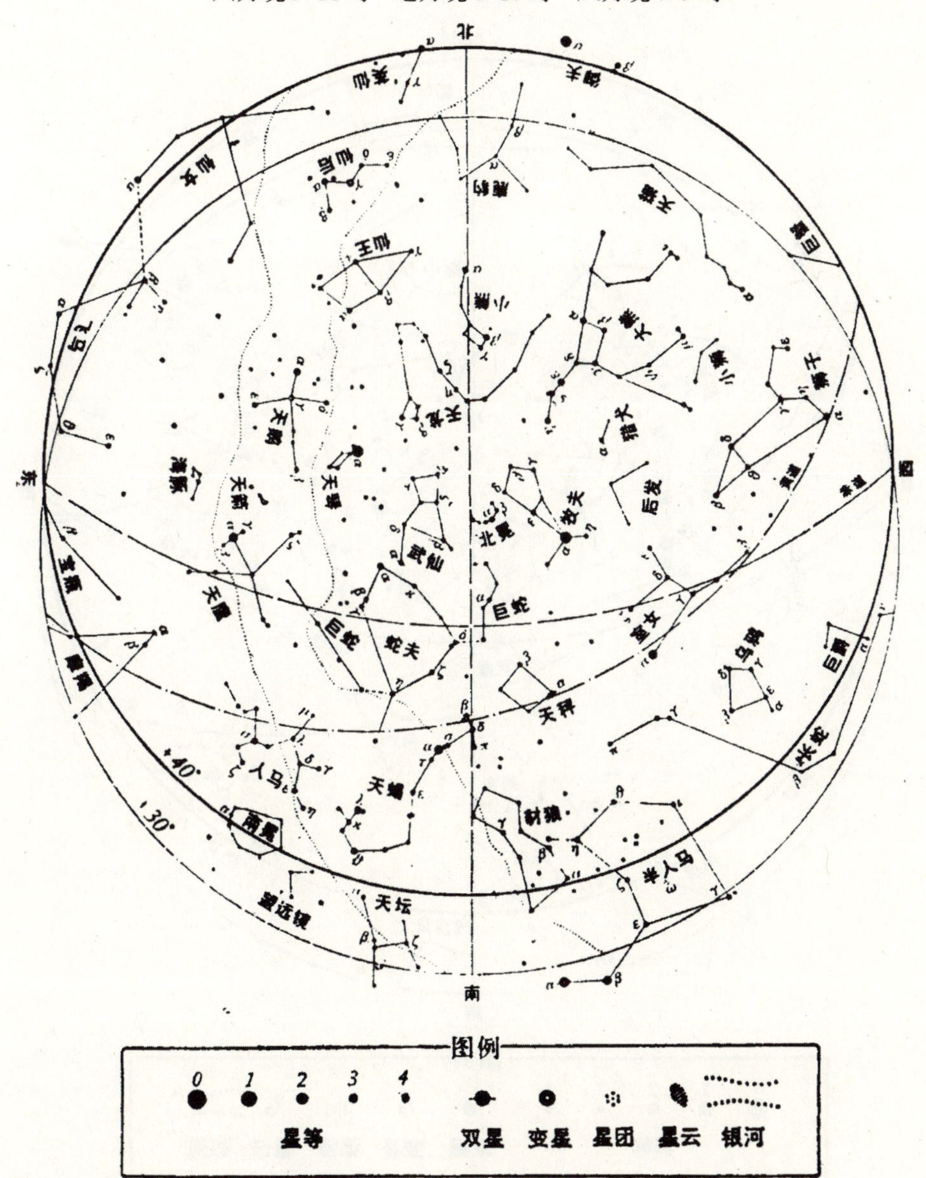

秋夜星图

九月晚 9–11 时　十月晚 8–10 时　十一月晚 7–9 时

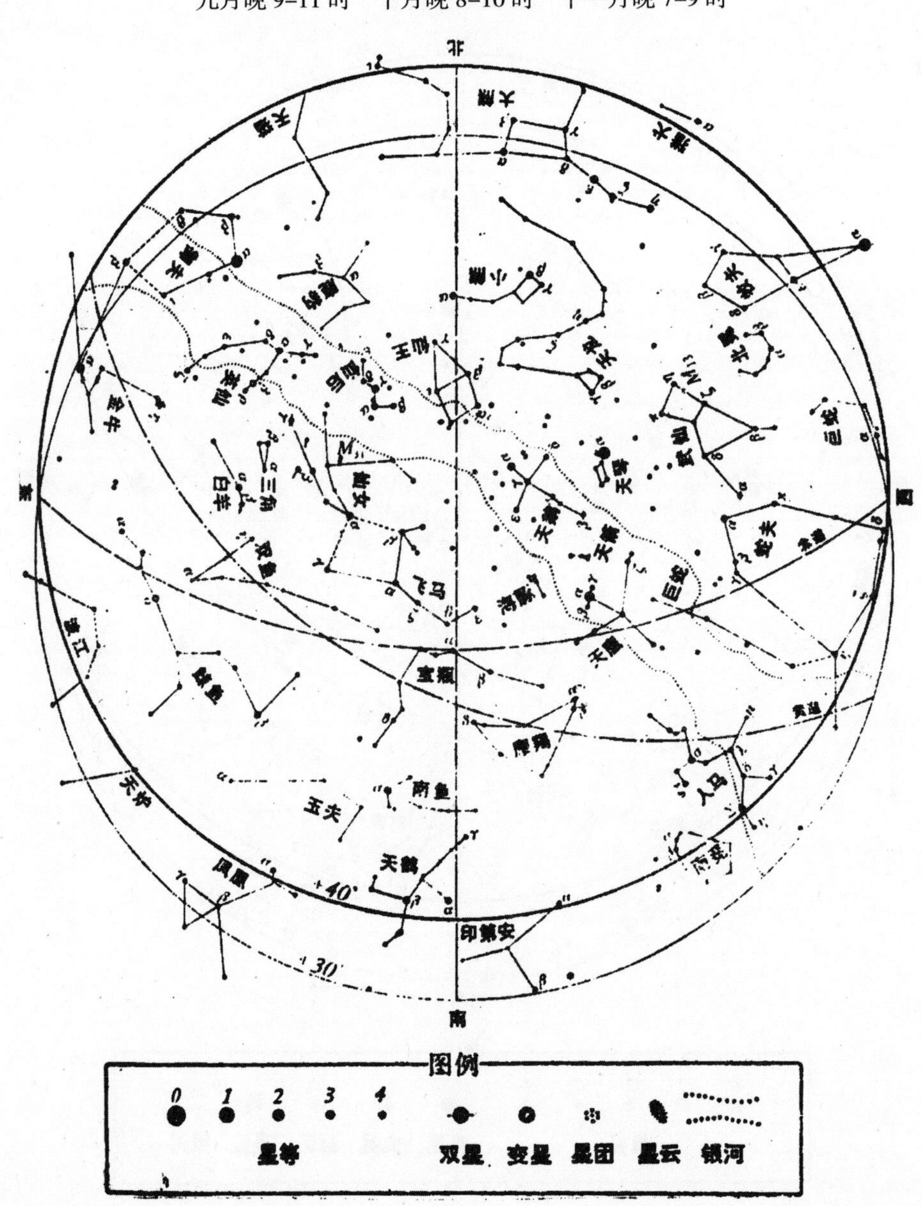

冬 夜 星 图

十二月晚 9–11 时　一月晚 8–10 时　二月晚 7–9 时

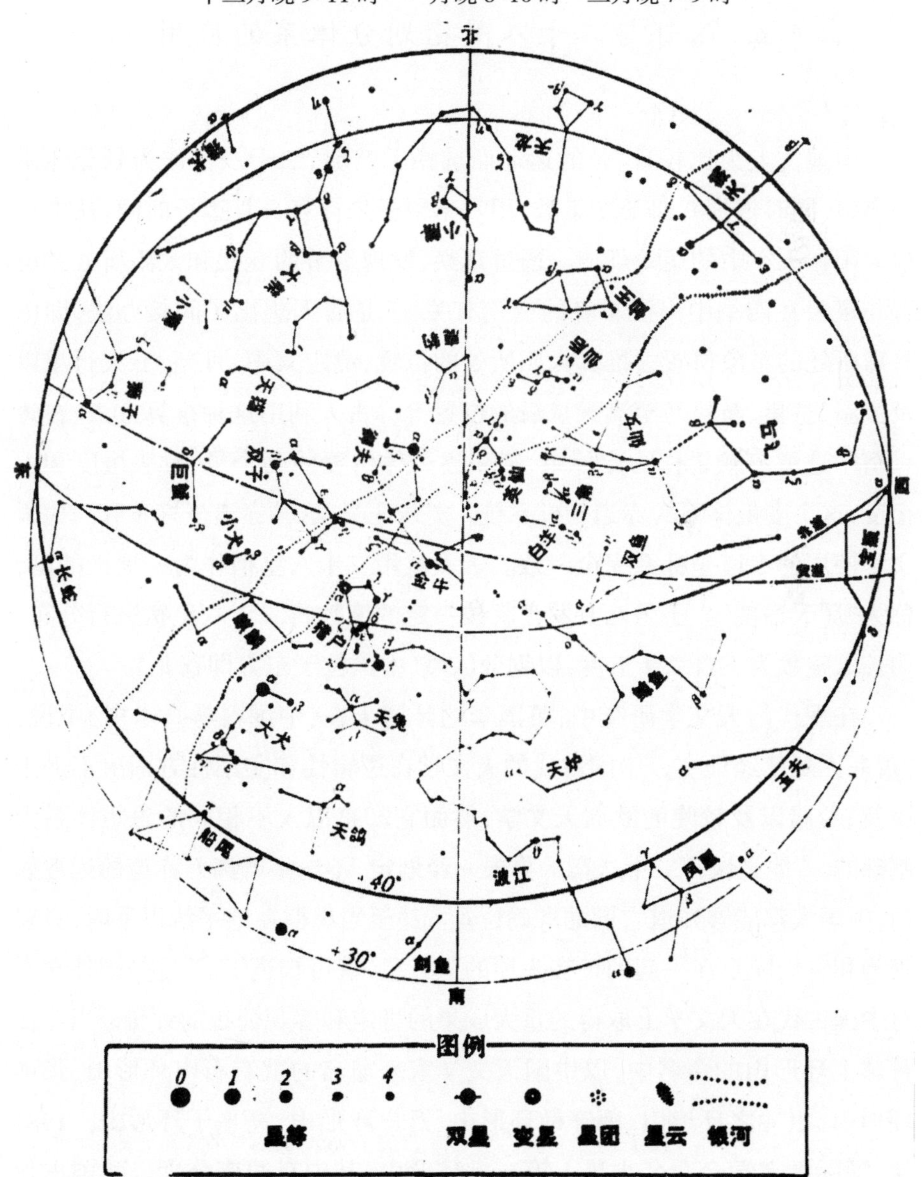

五、八卦与二十八星宿划分体系的应用

中国古人为比较日、月的运动而选择了三垣、二十八宿作为划分体系的座标，同时依据八卦爻变策数，用六十甲子来计算日月运行时间，从中观察太阳在天空中的运动规律。通过观察，发现季节的变化和太阳所处的位置与星象在四季中出没早晚的变化有关，于是古人想出了间接办法，即由月球所处的星象位置去推算太阳所处的位置，测定太阳、月亮、五大行星以及流星、慧星、新星乃至满天星辰的位置等。古人利用这种推算方法，在每一宿中选取一颗星作为定标星，来表述天体位置的两个量，称去极度和入宿度，这个度量体系为赤道坐标系统。实践证明，这种赤道坐标系和当代天文学使用的赤道坐标系完全一致。古人就用二十八星宿作为一周天的度，称为“周天宿度”。于是八卦罗盘就按一定的度数将二十八星宿进行分布，周长取整数为三百六十五度，以划分区域(中国位于东方即苍龙)。

在现代的天文学研究中，英国李约瑟博士在《中国科学技术史》中说：“现在无疑已经证实，中国古代的天文学在逻辑性和实用性方面决不逊于埃及、希腊以及较晚的欧洲天文学，然而它却是以大不相同的思想体系为基础的。”他又说：“二十八宿的界限一经划定，不论星群离开赤道的远近如何，中国人都能够知道它们的准确位置。甚至当星群在地平线以下时，只要观测和它们联系在一起的正在头顶的拱极星，就可知道了。”这是国外学者对中国古代在天文学上取得的重大成果的肯定和客观公正的评价。当今在月球上环形山的命名中，以中国天文学家来命名的就有石申环形山、张衡环形山、祖冲之环形山、郭守敬环形山、万户环形山、高平子环形山。1987年，国际天文学会命名水星上第一批环形山，其中有两座分别以我国古代

著名女诗人蔡文姬和女词人李清照命名。这反映了我国古代在天文事业上为人类所做出的巨大贡献。

增加附图说明：历史上，古代天文学家在给月球上的山起名字时，规定了月球上的山用地球上的山名，月球上的环形山用世界著名的科学家与思想家的名字来命名。这一规定沿用至今。附图说明，中国人命名环形山的人物事迹简介：

石申，战国时代魏国天文学家，二十八星宿分野的理论创立人。著有《天文》八卷（西汉以后此书被尊为《石氏星经》）《浑天图》等。石申曾系统地观察金、木、水、火、土五大行星的运行，发现其出没的规律，记录名字，测定一百二十一颗恒星方位，数据被后世天文学家所用。《甘石星经》在中国和世界天文学史上都占有重要地位。

张衡

张衡是东汉中期浑天说的代表人物之一；观测记录了两千五百颗恒星，创制了世界上第一架能比较准确地表演天象的漏水转浑天仪，还制造出指南车等。天文著作有《灵宪》和《灵宪图》等。郭沫若对张衡的评价是：“如此全面发展之人物，在世界史中亦所罕见，万祀千龄，令人景仰”。

祖冲之

祖冲之，南北朝人，出生地南京。其主要贡献在数学、天文历法等方面。在天文历法上，他所编制的《大明历》，是当时最精密的历法。在数学方面，他推算出准确到七位小数的圆周率，取得了当时世界上最优秀的成绩。

郭守敬

郭守敬，顺德邢台（今河北邢台）人。元朝著名的天文学家，数学家，水利专家。曾担任都水监，负责修治元大都至通州的运河。1276年郭守敬修订新历法，经四年时间制订出《授时历》，通行三百六十多年。是当时世界上最先进的一种历法。

万户

万户，明朝士大夫。14世纪末期，万户把47个自制的火箭绑在自己坐的椅子上，双手举着大风筝。设想利用火箭的推力，飞上天空，然后利用风筝平稳着陆。不幸火箭爆炸，万户也为此献出了生命。

据西方学者考证，万户是“世界上第一个想利用火箭飞行的人”。为整个人类向未知世界探索的进程作出了重要的贡献。前苏联两位火箭学家费奥多西耶夫和西亚列夫也在他们的《火箭技术导论》中说，中国人不仅是火箭的发明者，而且也是“首先企图利用固体燃料火箭将人载到空中去的幻想者”。

高平子

高平子，上海金山区人。曾发表《周髀北极璇机考》一文，以精密论证推算出周代北极星的正确位置。民国15年（1926年）参加首届国际无线电经度联测，为中国取得第一批近代经度值。民国24年代表中国天文学会出席在巴黎召开的国际天文学联合会第五届大会。在这次会议上，中国被吸收为国际天文学联合会正式会

李清照

员。回国后，他从事于太阳观察和研究工作，主编《国民历》和《天文历》。

李清照，汉族，山东省济南章丘人。宋代（南北宋之交）女词人。致力于书画金石的搜集整理。有《易安居士文集》《易安词》，已散佚。后人有《漱玉词》辑本。今有《李清照集校注》。

蔡文姬，东汉陈留圉（今河南开封杞县）人，东汉大文学家蔡邕的女儿，是中国历史上著名的文学家，精于天文数理，博学能文，又善诗赋，兼长辩才与音律。代表作有《胡笳十八拍》《悲愤诗》等。

蔡文姬

月球环形山

六、中华龙的名称符合国际天文星座的命名规则

八卦和龙起源于星象学的研究，龙的名称也离不开星宿文化的渊源。在天文学中，天空分为88个连结的区域，这些区域称为星座。星座的界线是1928年国际天文学联合会规定的。在星座区域内，天文学家使用统一的名称、字母和数字系统来标示天体。

星座是由亮星组成的图形，用人物、动物和器具给予命名的。希腊天文学家托勒密在巨著《天文学大成》（约公元150年）一书中列出48个星座，星座命名有许多是用希腊神话中的人物及动物。古巴比伦、古希腊等许多古老民族都有关于恒星天空的划分方法和用神话故事命名星座。

在这88个星座中，沿黄道天区有12个星座，它们分别是双鱼座、白羊座、金牛座、双子座、巨蟹座、狮子座、室女座、天秤座、天蝎座、人马座、摩羯座、宝瓶座。

北天星座

北天29个星座，它们分别是小熊座、大熊座、天龙座、天琴座、天鹰座、天鹅座、武仙座、海豚座、天箭座、人马座、狐狸座、飞马座、蝎虎座、北冕座、巨蛇座、小狮座、猎犬座、后发座、牧夫座、天猫座、御夫座、

小犬座、三角座、仙王座、仙后座、仙女座、英仙座、猎户座、鹿豹座。

南天星座

南天有47个星座，它们分别是唧筒座、天燕座、天坛座、雕具座、大犬座、船底座、半人马座、鲸鱼座、蝘蜓座、圆规座、天鸽座、南冕座、乌鸦座、巨爵座、南十字座、剑鱼座、波江座、天炉座、天鹤座、时钟座、长蛇座、水蛇座、印第安座、天兔座、豺狼座、山案座、显微镜座、麒麟座、苍蝇座、矩尺座、南极座、蛇夫座、孔雀座、凤凰座、绘架座、南鱼座、船尾座、罗盘座、网罟座、玉夫座、盾牌座、六分仪座、望远镜座、南三角座、杜鹃座、船帆座、飞鱼座。

这88个星座，形态各异。星座中有“天龙星座”，“凤凰星座”，“长蛇星座”，“罗盘星座”。

天文学中的“天龙星座”是指北天极附近幅员广阔的星座，环绕小熊星座四周。其形构成龙头的菱形部分由四颗星组成的龙头。代表希腊神话中的天龙，为擎天神阿特拉斯的女儿守卫着金苹果。

“凤凰星座”是靠近波江星座的南端，紧邻波江星座亮星委一。凤凰星座是16世纪末荷兰航海家凯泽及豪特曼所命名的十二星座中最大的一个，代表神话中从死亡躯壳里重生的鸟。

“长蛇星座”是88个星座中最长的星座，它和许多暗星组成的轮廓，象蛇类中最长的形体。

“罗盘星座”是南天星座之一，北连长蛇星座，正好在长蛇星座和船底座老人星联线的中点处。罗盘星座的一部分沉浸在银河之中。这和我国八卦罗盘的名称有关。

历史上，我国在殷商周初的《周易》中，就有“飞龙在天”即“天龙”和“龙蛇之蛰”的文字记载。后春秋战国时期的石申，在二十八星宿分野中明确了东方青龙即天龙，北方玄武（龟和蛇），西方白虎，南方朱雀（凤凰）为四象定位。在八卦纳甲，星名配六兽中，六兽，依次为一青龙，二朱雀，三勾陈，四塍蛇，五白虎，六玄武。京房六爻卦位应六兽；甲乙日起青龙，丙丁日起朱雀，戊日起勾陈，己日起塍蛇，庚辛日起白虎，壬癸日起玄武。

以上反映了龙与天文、地理、气象、历法和异类动物之间相照对应的关系。因而，中华龙的名称也符合天文星座的命名规则。这也是中国人“以蛇画龙”，即以龙作为图腾标志的道理。同时也是中国民间称龙蛇为大小龙的依据。

现在，值得我们深思的是：为什么中国古人不以蛇和其他异类动物作为图腾标志？其因是在当今动物类中，没有任何一种实有动物能反映人与自然的变化现象，而龙是天的象征即天、地、人使者，能表达人们的敬畏心理，这是星宿文化在神话艺术中的一种表现方法（具体内容在书中龙图腾文化章节中有论述）。在星座里我们还惊奇的发现，全天88个星座与伏羲八卦的先天数8相应，与8×8=64卦的数字相吻合。这其中是否有内在关系，值得研究。

七、八卦星象学与现代天体学研究

从天文学的发展来看，八卦作为一种度量与天体演化、空间方位、岁差置闰、日月星辰的运动相配合，形成了一个宏大庞杂的天体运行体系。天体是什么样子？从古至今，这是最神秘的问题。现代人的科学解释是：天体是不依赖于人的意识而客观存在的，处在不断的运动和发展中，在空间和时间上没有尽头。人们所观察到的天体日益扩大，不仅仅是太阳系，还有银河系以外的河外星系，每个星系包括数以百亿、千亿计的恒星。

到目前为止，人类已经探测到的太阳系行星共有九颗。由近而远分别是水星、金星、地球、木星、土星、火星、天王星、海王星、冥王星。1930年，美国天文学家汤保发现了冥王星，称之为太阳系的第九颗行星。而我国留法学生四川人刘子华另辟蹊径，用八卦模式研究太阳系的星体，并从中找出相应关系。1939年他发表了《八卦宇宙论与现代天文，一颗新星球的预测》：预测出第十颗行星——木王星，轰动了西方学坛，法国授予他博士学位。由此可见，八卦星象学与现代天文学之间，有着不可分割的历史渊源。

刘子华

刘子华，1899出生于四川省简阳县。1919年赴法留学，是中国最早赴法留学人员之一，1943年取得巴黎大学博士学位。他潜心于研究揭示宇宙天体奥妙的天文学，并运用八卦数理推测出太阳系存在第十大行星。他是中国科学家应用易学与现代科学相结合研究的第一人。1945年，刘子华归国效力，1952年任四川省人民政府参事。

第三章 八卦与九大恒星相照对应的天地人和谐文化

一、八卦星象学与中医学的渊源

八卦和龙文化作为天地人文化的载体，必然要涉及到人体健康问题。从历史发展上看，我国中医学与古星象学有着相互相承的关系。

屈原《天问》中说："圆则九重，孰营度之"，"九天之际，安放安属"。

关于八卦九宫应九天与九大恒星的相互关系，中国古人就有"九星悬朗，七曜周旋"的认识。唐朝王冰说："九星，上古之时也。上古世质人淳，归真返朴，九星悬朗，五运齐宣。九星，谓天蓬、天芮、天衡、天辅、天禽、天心、天任、天柱、天英，此盖从标而为始，循甲式法，今犹用焉。"九星与八卦九宫配合则形成了九州分野，即天地人相照对应的关系。

根据中医《灵枢·九宫八风》的八宫八节划分，天蓬星配坎卦，对应冬至所在的叶蛰宫(大刚风主肾)。

天任星配艮卦，对应立春所在的天留宫(山风主大肠)。

天衡星配震卦，对应于春分所在的仓门宫(婴儿风主肝)。

天辅星配巽卦，对应于立夏所在的阳洛宫(弱风主胃)。

天英星配离卦，对应于夏至所在的上天宫(大弱风主心)。

天芮星配坤卦，对应于立秋所在的玄委宫（谋风主脾）。

天柱星配兑卦，对应于秋分所在的仓果宫（刚风主肺）。

天心星配乾卦，对应于立冬所在的新洛宫（折风主小肠）。

天禽星居中央对应于招摇宫（春夏秋冬饮食主消化系统）。

依据以上人与自然的相应关系，中医学认为，天气通于肺，地气通于嗌，雷气通于心，风气通于肝，谷气通于脾，雨气通于肾。认为春天多发肝病，夏天多发心病，秋天多发肺病，冬天多发肾病，在一年四季中由于人的饮食不当还容易患脾胃病等。由此可见，我国中医学又视为天文气象医学是有理论依据的。

关于“奇经八脉”“经络穴位”，其实质就是指人体气血运行的通道，也是“五脏六腑”与肢体皮毛相互联系的结构系统。“经络”之在人体皮部，其伏于皮肉之间，深而不可见者为经，其浮于上而常见者为络。“经络”内联脏腑，外联肢体，行气血而循环阴阳两气，濡筋骨而利关节，形成了一个完整的人体网络系统。这个系统以经为纲，以络为目，把人体各部有机地联系起来，形成天、地、人相照对应的运行规律，从中体现节气与时间相应的人体医学概念，并说明人与天地和谐则身心健康、人之所以患病和死亡是由于天地人失和而致，反映出人离不开自然规律的道理。我国中医学的理论来自《黄帝内经》但源于《易经》，因而有“医易同源”一说。八卦设立九宫其实质是源于对九大恒星的认识。也为我国中医学理论奠定了基础。

纵观历史，现代人用科学方法去研究天体学并实际应用，其实是在先人取得成果的前题下而发展进行的。当今，我们说科学换位看就叫学科，也就是说，科学是多种学科的组合体，也是各类学科之间既有分工又有合作的关系，所以称科学世界观。那么，科学的最终目的是为了什么？应该说，其目的只有一个：那就是为人类创造更好的生存和繁衍的空间，使人的生命得以健康的延续。人类依赖大自然是客观的现实，人与自然和谐是永恒的

黄帝内经

真理。我国中医学的发明是华夏祖先“实践出真知”这一智慧的结晶，也是留给中华儿女极其珍贵的一份文化遗产，值得我们深入研究，更好地为人类健康服务。

《黄帝内经》分《灵枢》《素问》两部分。是我国医学宝库中现存成书最早的一部医学典籍，在理论上建立了中医学的“阴阳五行学说”体系。当今值得庆贺的是北京中医药大学国学院成立，下设儒释道医药研究所、易学与中医学研究所等。当今，已经有学者出版了《中国八卦医学》《周易与中医学》的书籍，这对我国中医学的发展具有重大意义，这也是八卦星象学与中医学产生渊源的历史佐证。

二、“北斗”为帝氏图腾，也是“皇帝”称“真龙天子”一说的依据

古籍《云笈七签》云：“天有九星两星隐。是指北斗。”“北斗七星”，又得左辅右弼二星，共为九星。由于北斗每天都要伴随太阳旋转一周，只要在天刚黑时记下北斗的位置，在夜里便可根据它的斗柄离开始初位置的角度，就能推算出当时的时刻。北斗星的绕极转动，使人们领悟出太阳和地球运行的时空概念。所以《宋史·乐志》有“斗转参横将旦，天开地辟如春”的句子。《史记·天官书》说：北斗为“天帝车子”，在中央运转着，能君临并节制四方，举凡分别阴阳，建立四方，调和五行，推移节气，审定星纪。《重修纬书集成·春秋合成图》云：“轩辕十七星在七星北，如龙之体。”“黄帝”之所以称为

轩辕,是"帝王之车"的意思,帝氏时以北斗为龙图腾标志。因而有了黄帝"乘六龙以御天(乾卦爻位之龙)为"真龙天子"的说法。也有了中国历史上以"神龙"赐年号:神龙(705年正月~707年九月)是武则天和唐中宗李显的年号。神龙元年二月中宗复国号唐,沿用武则天"神龙"年号不改。

神龙赐年号,黄帝称"真龙天子",道出了真龙来自于天,源于星宿文化的理。有关北斗,古人还有各种奇妙的想象。《搜神记》称黄帝母梦北斗而孕生黄帝。《拾遗记》则说:"帝颛顼高阳氏,黄帝孙,昌意之子,昌意出河滨,遇黑龙负玄玉图,时有一老叟渭昌意云:生子必叶水德而王(水德亦称龙德)。至十年,颛顼生,身有文如龙,亦有玉图之象。其夜昌意仰视天,北辰下,化为老叟。"

与北斗有关、与之并称的还有南斗。南斗,是二十八星宿中的斗宿即玄武北方中第一宿,它有六颗星组成,为"天帝"的庙宇。《星经》云:"南斗六星,主天子寿命,亦宰相爵禄之位。"道书《上清经》还把南斗六星的职掌具体化:第一天府宫为司命星君,第二天相宫为司禄星君,第三天梁宫为延寿星君,第四天同宫为益算星君,第五天枢宫为度厄星君,第六天机宫为上生星君。这样,南斗六星被尊为六司星君。

在古代星宿文化中,因北斗和南斗星而引发的神龙与帝王文化由来已久。在中国传统文化中,尤其在儒、释、道文化中,北斗、南斗星占有绝对重要的地位,这也为后世我国"神学"艺术体系的建立奠定了基础。

由此可见,北斗即帝氏图腾,也是黄帝称"真龙天子",或"真命天子"一说的理论依据。

三、中华民族称为“龙的国度、龙的传人、龙的子孙、龙的精神”的道理

当今，我们说“国度”，现代人的解释是指不同民族所居住的地理位置，与政治意义上的国家和制度。而千古以来，中华民族称“龙的国度”是指“龙”在东方为中国的地理位置。这也反映了“国以民为家，民以食为天”的国家和制度理念。对于一个民族，或国家治理来说，主要体现在道德和法律两个方面的内容，这也是当今我国提倡“以德治国”和“以法治国”的道理。其实，这一道理也是古人说的天德和天理。所以《论语》云：“子曰：为政以德，譬如北辰，居其新，而众星拱之。”

范仲淹《老人星赋》曰：“名尊五福，位列三光，发天文之炳焕，符帝德之悠长。”《庄子·天下》云：“不离于宗，谓之天人。”《荀子·天论》说：“明于天人之分，可谓至人矣。”指天意与民意。《淮南子·天文训》云：“文者象也。”提出“以德配天”，认为唯有“敬德”，才能“祈天永命”。《书·召诰》关于皇帝圣旨：“奉天承运，皇帝诏曰”，其意：德以天为载体，奉天，体现了国家兴旺，匹夫有责的德政理念。

《易经》云：“天行健，君子以自强不息、地势坤，君子以厚德载物。”其意，国家事业是天大的事业，君臣百姓都要自强不息，千秋伟业以厚德载物。说明了天下太平盛世，国家繁荣昌盛，人民才能安家立业。这是千古之真理。

关于天意与民意，其实是说，天下大事以国家为重，国家利益要以人民为重。这也是古人心目中的天道和人道。关于“龙的精神”，是指人与自然和谐，为国家奉献的精神。

千古以来，我们将“龙”视为自己的母亲，母亲的象征意义是对华夏文明起源的认同。2006年2月，中国语言研究院正式宣布：“中国笔画最多的汉字是“龖”，它是由两个繁体的龙字并列组成。意为“双龙腾飞”。这样“龙”就成为华夏民族的符号和中华文化的象征。中华“龙”见证了从原始文字的符号系统发展成为有形体文字的历程，这是炎黄子孙共祖同根的历史见证。现在海峡两岸共建中华和平龙公园，其意义也在这里。

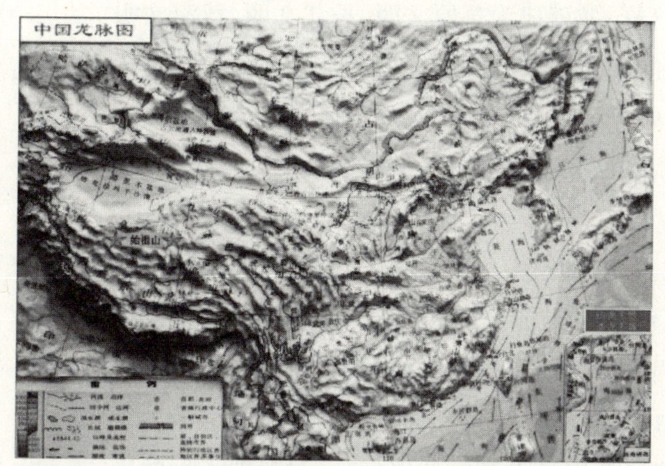

中国龙脉图

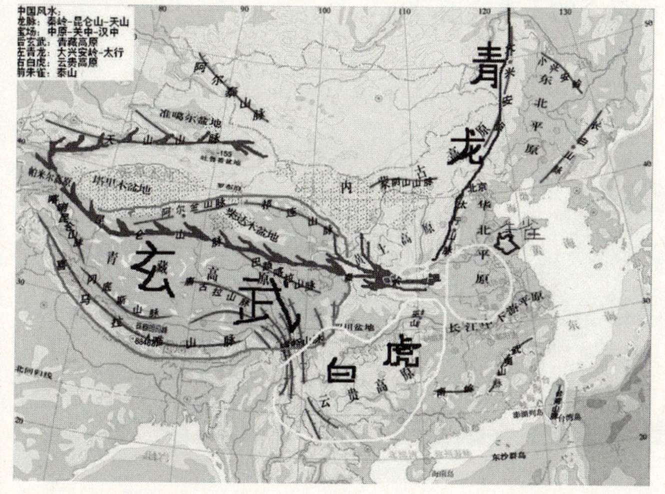

中国风水龙脉图

千古以来，“龙”的足迹遍布在天地人文化之中，从远古的名山大川，江河水系，天文历法，生肖姓氏，民俗风情，文化艺术，乃至于在茶文化，酒文化，饮食文化之中都有龙的字号。直至历史的今天，人类生活中使用的“水龙头”也以龙命名，突出了“神龙降水”、水为万物之源的道理。这一道理就源于古人对“山水喻龙”的认识。所以我国古代的地理风水学家形象地把青藏高原、内蒙古高原、云贵高原、黄土高原、呼伦贝尔草原、伊犁草原、锡林郭勒草原、川西高寒草原、那曲高寒草原、祁连山草原、昆仑山脉、阴山、贺兰山、西山、大别山、玉龙雪山、五岳泰山、台湾五大山脉：中央山脉、雪山山脉、玉山山脉、阿里山山脉、海岸山脉、长江、黄河、海河、辽河、淮河、松花江、黑龙江、珠江、鄱阳湖、青海湖、洞庭湖、太湖、洪泽湖、微山湖、京杭大运河、故宫、万里长城，以及纵横大江南北的山河水系，平原，道路等都被视为“龙”的象征。这样，龙就成为草原文明、长江文明、黄河文明的象征，也成为哺育中华民族的伟大母亲。因此，中华民族用龙作为图腾标志，也被称为龙的国度。中国人也谓之龙的传人、龙的子孙、龙的精神。以上表述，其实质是中华大龙脉思想在文化中的体现（大龙脉思想亦称“天人合一”思想。）

现在，雪龙号考测船在海洋中畅游，中华龙号飞机在天空中飞翔，再造了“飞龙在天，龙入大海”的气势。当今《龙的传人》这首歌唱出了“古老的东方有一条龙，它的名字叫中国”，体现了中华龙文化源远流长，炎黄子孙共祖同根的道理。数千年以来，中华民族被称为“龙的国度、龙的传人、龙的子孙、龙的精神”，其实质是中华民族以最崇高的礼仪，表示对自然天地的感恩之情，这也是中华龙文化传承至今的千古之道理。

天坛

地坛

华夏子孙为感恩天地之大德，在京城建天坛公园，其规划，南有天坛祭天，北有地坛祭地，东有日坛祭太阳，西有月坛祭月亮。从中体现了中华民族崇拜大自然的信仰理念。天坛之所以成为明、清两代帝王祭祀苍天、祈五谷丰登的场所，与中国人的“天人合一”思想有分不开的文化渊源。

四、“天人合一”思想是中华民族道德文化的源流

自从“伏羲皇帝”认识了昊天即自然之天以来，中国人的“天人合一”、“天人感应”、“天遣思想”由此产生，并发展成为人与自然和谐的道德文化体系。

“天人合一”思想是古代天人关系的重要内容之一。天与人有同一性，天人之间可以沟通，天人关系不可分割。“天人感应”与“天遣思想”反映了先哲在思维上讲究人与自然的联系性、整体性。它是一种辨证的哲学世界观，强调事物的相互作用，万事万物都相互感应。“感应”说就是这种思维的产物。所谓感，就是主动一方对被动一方的作用；所谓应，就是被动一方对主动一方的反应。没有感应，就没有矛盾，事物就没有进步。究其历史原因，概源于古人对大自然感恩理念和认识的道德性所致。“易理”的精髓在于效法天地。所以《周易》说：“飞龙在天，大人造也”。

孔子说：“易”是做什么用的？“易”是揭示事物本质，概括天地人间的规律，来指导人们完成事业，如此而已。

老子说：“人法地，地法天，天法道，道法自然。”道法自然，即自然之道。道是终极，又是起始。“道生一，一生二，二生三，三生万物，万物负阴而抱阳，冲气以为和”。

《系辞》云：“易与天地准，故能弥纶天地之道”。所以《周易》说：“天行

健，君子以自强不息，地势坤，君子以厚德载物。”而“龙”在乾坤卦中诞生也就成为承载和联结“通古今之变”和“究天人之际”的纽带和桥梁。龙成为天地人和谐文化的载体。龙在天文历法、山河水系、文化艺术、民俗风情、生肖属相，以及姓氏命名中的出现，即体现了中华龙文化的历史价值重大，其道德意义深远。

从道德的角度来说，人是天的产物，即天为人的衣食父母。天下父母关心自己的子女是“天经地义”的事。我国“天经地义”一词来自《左传·昭公二十五年》：“夫礼，天之经也、地之义也、民之行也。其意，为人要知天德，讲天理。天理就是人事间做人的道理。如人与天地和谐，人人和睦相处，父母关心子女，子女尊重父母，老师爱护学生，学生尊敬老师，及为人要遵纪守法等积德之事，都是大家理所当然要去做的事，即“天经地义”的事；反之为“伤天害理”之事。俗话说，“伤天害理，必遭报应”也源于此意。

千古以来，我们的祖先视天地为父母，所以认为天会时时刻刻地关注人在社会活动中的所作所为。因此，中国人有了“苍天有眼”，即“人在做，天在看”，“天网恢恢，疏而不漏”，“善有善报，恶有恶报”等人生格言的产生。先哲认为，人与天地和谐就能“刚健笃实，辉光日新，其德刚上而尚贤”。所以产生了“以和为贵、以和为德、以德配天，和为政以德”的思想理念。这一理念在我国“仁义礼智信”五常文化中就得以体现。也在《周易》《中庸》《孟子》《大学》《诗经》《尚书》《礼记》《春秋》《论语》《三字经》《弟子规》及老子《道德经》等古籍中也都有具体内容的记述，并传承至今。

历史上，由于包拯(包公)“为政以德”，所以民间称包拯为包青天即“青天大老爷”。“天”在古人的心目中是最崇高的神圣之物，也是人间公道、公正、公平的一杆秤。由于历代帝王对“苍天之龙”的尊重，所以我国北宋时期还把朝廷重臣“龙图阁直学士”，简称为“龙图”。称包拯为包龙图。

在河洛文化中，关于《龙图龟书论》对河图洛书的渊源、流变及与大禹

《九畴》的关系，刘牧写道：“今龙图其位有九，四象八卦皆所包蕴。且其图纵横皆合天地自然之数，则非后人能假伪而设之也。夫龙图呈卦，非圣人不能画之，卦含万象，非圣人不能明之。”

唐宋八大文学家之一的苏东坡对《尚书》进行研究，著有《东坡书传》，其中《洪范九畴》里有一段文字说：“旧传河出图，洛出书，河图为八卦，洛书为九畴，其传也尚矣。”究其历史原因，盖起于“龙”负河图而伏羲画八卦所传承的道德文化观念。因而《皇帝》执政时认为：人应当效法天的造化，要遵从天意和民意，要“以德为本”，“裁成天地之道，辅相天地之宜，以左右民”。“夫大人者，与天地合其德，与日月合其明，与日月合其序。”

汉代董仲舒在《春秋繁露》一书中认为，天是百神之大君，是宇宙的最高主宰，是有情感、有意志的整体，其中包括天地人三部分。天与人是什么关系，天是万物之祖，也是人之祖。天人之间可以感应。人顺乎天则昌，逆乎天则亡。天随时监视人、告诫人，人受到天的制约和保护。人间的君主是天之子（真龙天子，或真命天子），天子必须顺从天意，就像儿子顺以父母一样。君主“替天行道”来管理人间，是人间主宰，就有责任和义务管理好人，人应该恭敬地服从天的统治。统治与被统治是“天经地义”的事情，任何人不得犯上作乱，否则就会受到天的惩治。以上说的“真龙天子，或真命天子”是指君臣百姓的统称，即都是天的儿子。董仲舒的这套理论为统治者提供了驭民的依据。另一方面，“天谴思想”也是对统治者的制约。统治者不得违背天意，不得奢侈、残暴过度，否则，天会不高兴。凡事天谴责，统治者就应当引咎自省，发罪已昭，调整统治政策，才能得到天的谅解。古代的士大夫总是借用“天人感应”说服君主，制约君主，使君主不敢过于造次。它上可以对君臣，下可以对百姓，成为统治者和士大夫都乐于接受和宣扬的理论。

两汉时期，“天谴思想”已成为当时的正统思想、从帝王、大臣到学者专家无不信奉遵照，并形成了中国历史上星象学影响国家政治最为深刻的一个时期。所以我国的皇宫礼仪也与星象学有关联，其关联性就在“龙”的文化中得以体现，如皇帝上朝要在九龙殿上举行仪式，并穿黄龙袍，位坐龙椅上，而众臣面对皇帝要进行礼拜，并说万岁，万岁，万万岁的话语。从这一礼仪话语中就反映了古代“以德配天，为政以德”的思想理念。这一德政理念就体现在皇帝以龙为象征，而龙代表天。这样，礼拜皇帝就等同于礼拜苍天一样的意义。而众臣说的万万岁，是指万万年之意。古时年为岁即岁年，岁年亦称太岁年，太岁为皇帝的象征。太岁之所以成为皇帝的象征就源于黄帝历法制度。在这里要说明的是，众臣说的万万岁不是指皇帝的寿数，也不是指执政的时间，而是指中华民族的江山与天地日月同晖之意（江山意为皇帝统治下的国土概念，故有了大明江山一说。）这也是中国历史上唯有君王才能称万万岁，并有资格穿龙袍的原因所在，从而体现了历代炎黄子孙爱我中华的道德理念。

历史上，我国民间还有“黄河水清出明君”的谚语。这一谚语中说的黄河水清不是指水的颜色变化，是指黄河为中华民族的大龙脉亦称龙德，即“清正廉明”之意，明君意为好皇帝。这里反映了广大民间百姓希望国家有个好皇帝来执政的心愿。因为有了好皇帝，就会有好的治国方针；有了好的治国方针，社会就会和谐发展，国家就能兴旺发达，百姓才能安家立业，从中说明了“得民心者，得天下”的道理。直至历史的今天，

故宫九龙图（九重天之意）

古老的故宫大殿、天坛、地坛、日坛、月坛，已经成为天地人和谐文化的载体并以示天下。

现在，我国的“和谐号”列车在大江南北奔驰，北京奥运会开幕式上展示的“和”字其道德意义深远。当今，我们研究《国学》，其实是研究中华文明的起源和发展的历史，最重要的是要研究道德文化的形成和发展的过程，从中体现讲道德的重要性，并以此警示后人要遵循大自然规律、爱护大自然，要抱有善良之心去善待地球上一切有生命的物种并和谐相处。

伏羲皇帝创立八卦和龙文化的重大意义，就是提倡人与自然和谐的道德理念；这是海内外炎黄子孙从古至今崇敬“龙”的道理，也是中华龙文化在世界上产生如此大的影响力的根源所在。纵观历史，“天人合一”思想是构成人类社会和谐相处的根本，也是中华民族提倡做人要讲道德的根源所在。

太和殿(天下太平和谐之意)

董仲舒：汉广川郡(今河北景县广川镇大董古庄)人，汉代哲学家、政治家，教育家。元光元年(前134年)，汉武帝下诏征求治国方略。董仲舒在《举贤良对策》中系统地提出“天人感应”、“大一统”学说和“罢黜百家，表彰六经”的主张。董仲舒认为，“道之大原出于天”，自然、人事都受制于天命，因此反映天命的政治秩序和政治思想都应该是统一的。董仲舒的儒家思想维护了汉武帝的集权统治，为当时社会政治和经济的稳定做出了贡献。董仲舒的理论其实质是中华民族“天人合一”思想的传承。

董仲舒

五、“道德”是构成人体良好基因的根本

道德经

现代的遗传学家认为，基因是DNA（脱氧核糖核酸）分子上具有遗传效应的特定核苷酸序列的总称，是具有遗传效应的DNA分子片段。基因位于染色体上，并在染色体上呈线性排列。基因不仅可以通过复制把遗传信息传递给下一代，还可以使遗传信息得到表达。同类人种之间头发、肤色、眼睛、鼻子、指纹等不同，是基因差异所致。

“道德基因”也是非常有意义和值得人们深层次研究的课题。

千古以来，中国人的“道德”观是怎样的概念？《周易》认为，“八卦”一阴一阳之谓道。有天道，还有人道。《周易》中的天人之道主要表现为两个方面：一是人要顺应天，二是人要效法天。天是客观存在的自然物，人不可违背天的规律。“顺乎天而应乎人。”“时止则止，时行则行。动静不失其时，其道光明。”以上说明了自然之天即“天道”。人遵循自然规律为人道（天德）。人与自然和谐的道理即“天理”。这就是说，做人要有“道德”的“道理”。因而，中华民族有了“道”家思想体系。

道家认为：“道”，是“造化之根，天地之元”，“万象以之生，五行以之成”，宇宙、阴阳、万物都是由它化生的。在儒、释、道文化中，“道”和“德”是相互依存的整体，所以称“道德”。因而，老子以《道德经》传承后世。道教还制立“道德天尊”以示天下。

佛教《因果经》论述“因果报应”的道理，所以劝人为善，行善积德，即苍天不亏善心人。佛教文化中的“因果报应”其意，是说一个人做好事不是为别人，而是为自己积善德，即唯有善德之人才能受人尊敬，才会家庭幸福，子孙兴旺，事业发达。俗话说，积善之家，必有余庆；积不善之家，必有余殃。就源于这一道理。“种瓜得瓜，种豆得豆”的也是这个道理。

三清道德天尊

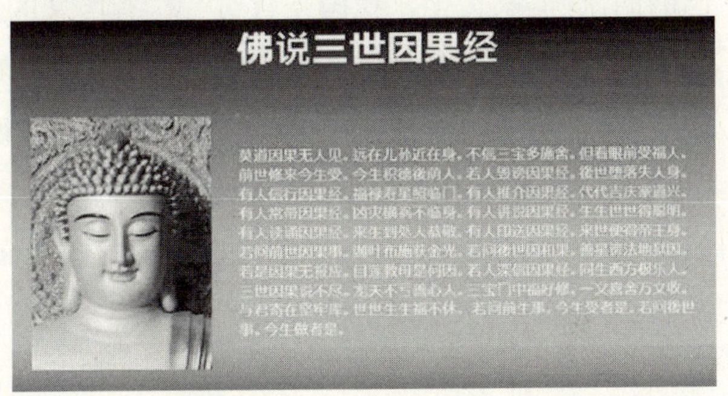

因果经

在中华传统文化中，“道德”主要体现做人要有一颗“善良之心”。《三字经》云：“人之初，性本善。”也是源于此意。

对于一个民族和国家治理来说，道德与法律是相互依存的整体，内涵两个方面的内容，道德是自我约束，法律是外部约束。那么，道德与基因又有怎样的关系？

《为人者天地》篇云：“人之形体，化天数而成。人之血气，化天志而仁。人之德行，化天理而义。人之好恶，化天之暖清。人之喜怒，化天之寒暑。人之受命，化天之四时”。以上说明了天地人相互作用，相互转化的内在原因。

人是自然的产物，大自然对每个人都赐于了不同的基因组合。这也是在地球上生活的人，没有同相貌，同指纹的原因所在。应该说，一切有生命的物种，在大自然母亲的怀抱里都存有个体基因的信息档案。所谓档案，在当今社会的作用就是记载个人一生的事迹。俗话说，自己的所作所为要对自已负责就源于这一道理。这也是古人为什么说，“苍天有眼”，即“人在做，天在看”“天网恢恢，疏而不漏”和“善有善报，恶有恶报”的原因所在。这也是中华民族的人生哲理。

千古以来，中国人的“善良之心”都集中在“家”的观念上。所以有了自己的儒家、道家文化。我国先哲对“家”有广义的认识：以天地为家，即天下之家。以国为家，以家乡为家，以家庭为家。个人是社会大家庭的细胞，势必影响人类社会的基因秩序。所以我们要探讨“道德基因”的问题。这里说的“道德基因”是指人心善良、行善积德、多做好事、促进社会和谐发展的心身健康基因。也就是说，这一基因是以道德为载体而形成的。人类社会的和谐发展就需要这一良好基因的传承。

上古时代，“伏羲皇帝”创立了天地人和谐文化，周文王是首先提出“以德配天”的明君。周文王为什么要提出“以德配天”？其原因是我国殷商崇尚“帝”，殷周之际称为“天帝”。周文王自称受天有大命，所以提出“以德配天”。因而在《周易》中写下了：“天行健，君子以自强不息，地势坤，君子以厚德载物”这一中华民族的人生格言，并传承至今，现在已经成为清华大学的校训。

《蔡仲之民》云：“皇天无亲，惟德是辅。”《泰誓》说：“天视自我民视，天听自我民听。”天能主持公道，代表了天意和民意。

历史上，我国从宗法社会开始就有“以国为家”的道德理念，在宗法制度中就有“家天下”一说。周承商制，周王称天下的大宗。提倡做人要孝道即孝顺善事的德行。《尚书·尧典》云:“克谐以孝。”《周礼·地官·师氏》说:“一日孝行,以亲父母。”《孝经》记载孔子语:“夫孝,德之本也,教之所由生也。”又云:“身体发肤受之父母,不敢毁伤,孝之始也”。“易理”中:“生我者为父母即天地。我生者为子孙即人”。

人有感恩之心,有辈分之分,视为亲人。忠孝以德为载体,所以古时出孝子,光宗耀祖,立功立业,尽忠保国,岳飞事迹就是见证。“家”对于天地人而言,天地的职能是产生万物,并赐于一切有生命物种的生存空间。所以我们称地球为万物的家园。而人的职能是管好和合理使用万物,双方彼此不能代替。《墨子·尚同》云:“治天下之国,若治一家。”就说明了人类社会是一个大家庭,人人和睦相处即世界和平。我们称大自然为母亲,母亲的象征意义是对人类起源和养育之恩的认同。

怎样爱护大自然,这是值得人们深思的问题?从做人要讲道德的角度来说,爱护大自然就等同于爱护自已的父母。只有保护好大自然环境,人类才能形成健康的基因。对大自然的伤害,就等同于对人类父母亲的伤害,也是对人体基因的伤害。带病变异的基因是不可能复制出优质种类的。也就是说,人人都有爱护大自然的善良之心,才是构成人体良好基因的根本。

六、八卦爻变策数的组合排列是华夏民族数字应用的源流

《伏羲先天八卦图》以象、数、理为载体来演释自然万物的生化过程,即“易”有太极生两仪、两仪生四象、四象生八卦、八卦生六十四卦。八卦中的大极即宇宙空间、两仪指天地(太阳、月亮、地球)、四象即春夏秋冬四季。从中显示了人与自然的相应关系。

历史上，有关星占术则是建立在象、数、理基础上的一种思维方法。不了解自然变化的法则与象、数、理的相互关系，就不可能知道占卜的奥秘。这也是古代星占术都源于古天文学家的原因所在。

“太极八卦”的演化过程，其实是数字在爻变策数中的应用过程。《伏羲先天八卦》的先天数为“八”，也称八宫数。其中，乾一（天）、兑二（泽）、离三（火）、震四（雷）、巽五（风）、坎六（水）、艮七（山）、坤八（地），八卦设立九宫称九宫八卦。

《易·系辞上》云：“天一地二，天三地四，天五地六，天七地八，天九地十。”在一至十这十个基本数字中，单数为天，双数为地。“八卦”中，乾卦爻象为阳（天），坤卦爻象为阴（地）。“八卦”自然数序中，一为奇数之始，二为偶数之始。八宫卦演变为六十四卦，六十四卦又产生了三百八十四个爻，阳爻一百九十二，阴爻一百九十二。乾为老阳（天），每爻三十六策（洞天福地数即36洞天）。坤为老阴（地），每爻二十四策（节气数）。故：36策×192=6912策数（乾）、24策x192=4608策数（坤），二数相加（6912+4608）＝11520策数。以上是数字组合排列的应用体系。所以易学家薛敬轩说：“卦之六爻，皆阴阳自然之数”。

最早的干支数字是“历”之为用，系以判别节候时间之标准。《淮南子·泰族训》云：“俯视地理，以制度量。”《史记·律书》说，“璇玑玉衡，以齐七政，即天地二十八宿，十母、十二子。”要观察日月五星，就必须以恒星系统为观察座标，故把周天恒星划分为二十八宿，再配合十天干十二地支以循环组合成六十甲子，从中了解和计算天气之变化。于是以一昼夜为一日，以月球盈戾为一月，以一寒暑为一年，以反映二十四节气、七十二物候的变化规律（动植物生存规律）。

在古代，中国人测定地平方位以十二地支显示其方位，即子午为经线（北南），卯酉为纬线（东西）。并用乾、坤两卦的爻位变化和西方黄道十二星座在时间上对应。因而,中华民族有了世界上独一无二的公、农历时间换算的万年历,并用于指导农业生产以解决中国人的吃穿问题。而“龙”在清明节气中的应用,体现了春天节气的重要性,所以中国人说,一年之季在于春。于是一个在天地人整体思想指导下,用来观察天文星象的数字系统得以创立。

数字是一种符号,一种计算单位,一种物以万变的知识系统。数字的神秘性主要体现在数字不是实物,但它与某种实物发生关系时就成为实物的载体。所以,古希腊毕达哥拉斯学派的思想家菲洛劳斯说:“庞大、万能和完美无缺是数字的力量所在,它是人类生活的开始和主宰者,是一切事物的参与者。”

追溯源流,“伏羲皇帝”以八卦为载体,以物物以太极、万物类象的思维方法,以数字程序来显示人与自然的运行规律,实为人类世界数字应用的首创发明,当然这也是中国先哲集体智慧的结晶。应该说,先有八卦阴阳符号的演变程序,其后才有数字的应用体系。这也是八卦爻位之数的变化,导制了二进制,使八卦成为人类世界计算机之母的原因所在。因此说,八卦爻变策数的组合排列也是中华民族数字应用的源流。

七、乾坤定位之数在中华文化中的应用

“太极八卦”反映自然界一切物质运动为相对平衡和物极必变的规律,因而,乾坤定位之数就蕴藏着自然万物的信息,从中体现了“九宫之数”在中华文化中的应用。究其历史原因,即伏羲创立八卦的爻画中,乾为三画为阳,坤卦三个阴爻共六画,乾坤两卦画相加为九画。所以《易经·乾卦》中“潜龙勿用”一句后注疏云:“乾体有三画,坤体有六画,阳得兼阴,故其九。”由

于先天八卦的排列中，乾一与坤八，兑二与艮七，离三与坎六，震四与巽五，两数相加各为九，因而，伏羲八卦定乾一（天），其爻位数为九（九宫数），一与九是个位数的始终数，也是天地的互通数。因而，中华民族有了九州分野中的"一方天地"，即"龙"在东方为九州大地的描述。

对天，我国先哲有广义的认识，《汉书·礼乐志》说："天有九重。"九重天者，乃日、月、五星为七重，第八重为二十八星宿，第九重为天外有天。关于天的高度，由于古人还无法测量出准确的数字，所以用乾坤定位之数来表述，因而，中国人有了数字文化中的一划画天、天水一色、天字一号、一步登天、一手遮天、天下第一、天下一家、一言九鼎、九牛一毛、九天揽月、羿射九日、数九寒天、九九归一、九九艳阳天、以及天地苍茫、不知天高地厚的说法。由于"九重天"拥有至高无上的地位，所以古人形象地将天门九重称为九关，地下深渊称为九泉，水深称为九渊，黄河弯曲称为九曲，长江的支流称为九派，四通八达的道路称为九衢，各种颜色称为九色，军队的人数与编制众多称为九军，学术流派之多称为三教九流，多次接近死亡而大难不死者，称为"九死一生"等。

《素问·三部九候论》云："天地之至数，始于一，终于九焉。"因而，古代的一些制度设置或礼仪规章，其数也常用九。周时掌管财物的各个职能部门称为九府，各诸侯国向周王室缴纳贡物的名目称九贡，周代对九种命官的授命仪式称为九仪，在尧舜时设官为九官，禹时铸造镇国之宝为九鼎，战国时分野天下为九州，后世历代王朝的高级官员称为九卿，各级官员的级别称为九品，有不同图案的旗帜称为九旗，朝会大典设九宾，天子所居之处设九门，帝王宫殿称九龙殿，帝王称"九五之尊"（乾卦爻位数），帝王宫中的女官称为九嫔，帝王立庙祭祀祖先称为九庙，帝王尊礼大臣所给的各种器物为九锡，帝王服饰上的九种图案称为九章，古代礼制的各种礼节称为九礼，古代的叩头礼节称为九顿首，古代的赋税制度称为九等赋。

在中华数字文化中，我国先哲以八卦天地之数为依据，发明了大衍之数为五十，即中宫天五乘地十而得之(个数五和十的组合)。十可以看做“双五”，这和人的双手，双脚各有十指，左右分五指的数字相应，因而古时产生了手指算数法。这也说明了人类最早的数字概念是从认识自已的身体特征，和观察其它异类动物的体形特征而获到的知识。因此，中国人有了数字文化中的十指连心、十全十美、身价十倍、驽马十驾、拔十得五、五风十雨、五光十色等成语。

历史上，古人用大衍之数起卦，其作法是用蓍草五十根，其中取一为太极，剩四十有九。其用四九的数字以演示其四象的天机之迷。四象，即寒、暑变化之物象。因此，中国人有了一年四季、一谦四益、四季发财、志在四方、囊括四海、四海升平、四海为家、四海之内皆兄弟、放之四海而皆准、文房四宝、四大皆空、烽火四起、四面楚歌、危机四伏、家徒四壁、四脚朝天的说法。四象也是天、地、人三合之象。因此，中国人产生了说三道四、朝三暮四、三妻四妾、不三不四、颠三倒四、拉三扯四、张三李四、低三下四的说法。

由于八卦反映八种自然物象，因而中国人有天有八风、地有八方、神有八仙、人有八字和华夏祖先留给后代子孙最珍贵的是八卦图的说法。当今，有人对一、五、八、九等数字的喜爱就源于这一文化渊源。

总之，中国人从一数开始直至延伸出百、千、万、亿数的文化成语：如，一拜天地、二拜父母、三星高照、四季发财、五子登科、六六大顺、七窍生烟、八面来风、龙生九子、十分满意、百里挑一、一字千金、千秋万代、万众一心、亿万财富等，都是祖先数千年以来实践经验的总结，也是现实生产、生活中的真实写照。

纵观历史，语言文化的统一使用并世代传承，是炎黄子孙血脉相连、共祖同根的历史见证，也是中华民族自强不息、厚德载物、大难兴邦、团结奋进之精神象征。

八、“五色土之龙”为中华民族大团结的象征

自从始祖伏羲认识昊天为自然之天以来，我们的祖先就有“龙”崇拜。古籍《左传·昭公十七年》云，太昊伏羲氏以龙名官：春官为青龙，夏官为赤龙，秋官为白龙，冬官为黑龙，中官为黄龙。这一记载是春秋战国时学者以五行学说附会于龙，以之托言龙崇拜的久远渊源。

以上叙述了五行学说与龙的关系。那么五行是什么？《辞源》说：“五行，水火木金土，古代称构成各种物质的五种元素。”汉代董仲舒的《春秋繁露·五行对》说：“土者火之子也，五行莫贵于土。土之于四时，无所命者，不与火分功名。木名春，火名夏，金名秋，水名冬。土者五行最贵者也，其义不可以加矣”。以上说明了五行中土地的重要性。在《周易》中，有关“龙”的描述都在乾坤卦中出现，其实质乾坤二卦就是天地之龙卦。由于天地生万物，故“龙”就象征自然万物的缩影。

历史上，我国道家就有八卦定乾坤、五行通天地的论述。董仲舒的《春秋繁露·五行相生》中认为：“天地之气，分为阴阳，判为四时，列为五行。”五行属于“天”的体系。历史上，我国古天文学家将日、月五星定为三光，日为太阳，月为太阴(月亮)，即日，月为天地。五星指星的多数，而三光则指天上众多的星体，它上应天星二十八宿，涵盖木星、火星、金星、水星、土星五大行星，下应地平方位东、南、西、北、中。我国地理方位的中，即中央之地。古籍《诗经·商颂·玄鸟》云：“古帝武汤，正域彼四方”，即从中央看四方。所以，国名定位为中国。1949年后，定为中华人民共和国。其全称国名中就有和字，即和谐之意。

在八卦中，五行对应五方为五色土，古时也称五色龙。中华大地的五色

这就是社稷坛，三层，高近1米，上铺五色土，是明清两朝皇帝祭祀社稷神的地方。社，为土神；稷，为谷神。

五色土公园

土是天地“全息”的模型。北大荒是含腐殖质高的黑土；南方是含矿物质的红色土；东方的土是青色的，好像水泥色；西边的土是白色的，似牛奶；河南、河北等中原省市则黄色土。其实这五色土之龙是指我国地域方位的光照不同，而产生了五种不同颜色的土壤。

当今，台湾中华文化艺术基金会于2001年1月1日在阿里山取土，于当年的3月2日即龙抬头日送到北京长城脚下，举行了两岸汇土仪式，从中体现了海峡两岸同胞珍惜和爱护自已“立命之根”的土地，同时也是海峡两岸同胞共祖同根的历史见证。

现在，北京中山公园的五色土，把普天下五色之土都集中在一石台阶上，不仅象征“普天之下，莫非王土”的崇高地位，从中也体现了中华和平龙为“和谐共生、团结合力”的精神象征，这也是中华民族和世界各国人民大团结的象征。

第四章
“神龙”文化的历史价值与中华文明的渊源

一、中华“神龙”的起源与西方“龙”在文化上的同一性

千古以来，我们的祖先将龙称为“苍天之龙”，随着华夏文明的发展并逐渐将其艺术神化，又称为“神龙”，即“天帝”(天神)的象征，这样，“神龙”就成为古人心目中的保护神和吉祥符号。

由于中华民族是神龙文化的诞生地，因而有中华神州大地一说。所以大唐盛世时还以“神龙”赐年号。当今，海外华人在美国设“唐人街”，与大唐盛世有关联。究其历史原因，这和我国殷商崇尚“帝”，殷周之际称为“天帝”(天神)的渊源分不开。

那么，古人心目中的“神龙”是怎样的概念？历代文献对“神”又有怎样的论述呢？

《易·系辞上》云：“神无方，易无体。”“阴阳不测谓之神。”(“易”字是由日上月下组成，表示日月的运行。)《秘书》云：“日月为易，象阴阳也。”这是“易”字的本义。“易”中所说之“神”，即日月为天地(天为阳，地为阴，即太阳为阳，月亮为阴。古时称太阳，月亮为天神。)，因而有了阴阳符号为“无字天书”的

说法。也有了“易”有太极生两仪,两仪生四象,四象生八卦的演化程序。

《易·说卦》云:“神也者,妙万物而为言者也。”

《说苑·修文篇》云:“神者天地之本,而万物之始也,天日神,地日衹。”

《素问·天元纪大论》云:“阴阳不测谓之神。”

《周礼·大司乐》注:“谓五帝及日月星辰也。山陵川谷丘陵能出云为风雨,皆曰神。”

《说文》云:“神,天神引出万物者也。”

《后汉书·张衡传》云:“阴阳之精气曰神。”

《诗·小雅·大田》说:“验之以事,合契若神。”

《老子》说:“五藏之神也。圣而不可知之谓神。”

《孟子》也说:“圣而不可知之谓神。”

《太清玉册》说:“天日神者:纯阳青灵之气,造化自然,精气之灵,故日神。”

司马迁说:“凡人所生者神也,所托者形也。”“神者,生之本也,形者,生之具也。”“神使气,气就从”,“非有圣人以乘聪明,孰能存天地之神而成形之情哉!”

神:道家讲的就是一个字“道”,即道法自然,万物皆有道。

我国中医学对神的理解,《中医名词》:“神,广义指人体生命活动的总称,包括生理性或病理性外露的征象;狭义指思维意识活动。”《黄帝内经》太素本神论中说:“神乎神,不耳闻,目明,心开,为志先。”

《灵枢·本神》云:“两精相搏谓之神。”《灵枢·平人绝谷》说:“故神者,水谷之精气也。”说明先后天的精气是神的物质基础,所以望神是中医望诊重要内容之一。中医认为,凡神气旺盛,一般反映脏精充足而机能协调。若神气涣散,说明脏精将竭而气机衰败。《素问·移精变气论》说:“得神者昌,失神者亡。”其意,人体在天地间,天覆地载,无时无刻都和自然界的阴阳五行之气同呼吸。中医学告诉我们,人体的阴阳五行之气能否保持相互平衡,是衡量身体健康与否的本源。这是我国中医学提倡人与自然和谐的思想精华所在,也是“医易同源”的道理。应该说,如果没有中医学对精神的深刻理解,后世中国人就不可能有“精神文明”的说法。

那么,现代人对神又有怎样的理解呢?现代人认为“神”是会意字,从示申。“申”是天空中闪电形,古人以为闪电变化莫测,威力无穷,故称之为神,本义:神灵,即龙卷风雨之象。

鲁迅在《中国小说的历史变迁》中说:原始民族穴居野处,见天地万物变化无常,如风,雨、地震等,有非人力所可捉摸抵抗,很为惊怪。以为必有个主宰万物者,因之拟名为神。

西方文化对“神”的解释有所不同,但内容上具有共性。《美国百科全书》中解釋的神是指“上帝”。上帝是谁?上帝是宇宙的终极来源。《圣经》说:天是上帝的“定居之所”。“上帝”运用他的圣灵创造地球,也运用圣灵启示人写成《圣经》。在《创世纪》里,描写有一条著名的蛇,它曾引诱夏娃偷吃了伊甸园里的智慧果。在《启示录》里两次说到:龙就是那古蛇,名叫魔鬼,又叫撒旦。蛇与龙前后相承,而且迷惑天下人。

美索不达米亚史诗中,讲述在创世之前,主神击败了混乱之龙,将它的尸首斩成两半,一半成为天,一半成为地,由此创造了世界。

希腊神话中,“神”泛指宙斯统治的天界。希腊神话中的天龙代表“天龙星座”,为擎天神阿特拉斯的女儿守卫金苹果。

我国“八卦”六爻在天文学应用的“六神”,即左青龙、右白虎、前朱雀、后玄武为四方星宿神,勾陈也是星名,为紫微垣中的星座名。腾蛇是传说中的一种神蛇,能兴云雾而游其中,因而它没有一定方位,即长蛇星座。这也是《周易》描述“龙蛇之蛰”,和古人“以蛇画龙”的原因。

通过东西方文化对天帝、上帝、天神、神龙、神蛇等论述,我们可以看出其内容上的同一性,即都是描述人与自然的关系,实属异名同义。由于古人崇拜天地,故称天地为神。而龙为天地的缩影,所以谓之神龙。神龙也称"苍天之龙"即天神。这是"人格化之神"在文化艺术中的表现形式,这也是神与龙文化成为世界性文化的原因所在。其实质,这是中华民族"天人合一"、"天人感应"思想的体现,属星宿文化,即天地人文化体系。

在世界文化史上,东方的《易经》,西方的《圣经》是最有影响力的巨著。西方的解释学是在19世纪末由施莱尔马赫、狄尔泰他们完成的,主要是解释《圣经》。

而中国解释学的历史要比西方早的多,从《伏羲画八卦图》开始,这是五千年以前的历史。而《易经》对"八卦"进行解释,成书在夏、商、周年代。已失传的夏朝《连山》易和商朝的《归藏》易,这均是四千年以前的事了。

现保存下来的《周易》约为公元前1046年成书,至今有三千多年的历史。还有《左传》解释《春秋》,那是在公元前约四百年,这比西方解释《圣经》要早;《易传》解释《易经》,那是在公元前三百年;老子《道德经》的解释也是在公元前二百多年开始的。

从《易经》对"八卦"进行解释的时间来推算,中国的解释学要比西方解释学早二千年之久。这是《易经》成为众经之首,六艺之源的道理。这也是中华上下五千年文化没有间断的历史见证。现在,我们有理由相信,二十一世纪是中华民族的伟大复兴时代,也是中华文化的振兴时期。它必将为世界文明作出新的贡献。

在世界文明史上, 东方神龙与西方龙之所以产生文化上的同一性,这是因为龙即天地的象征,而天地是哺育人类的母亲,爱护自己的母亲也是大家的职责所在。这一共识的意义就体现在人类对大自然的感恩认识以及对自然之龙有敬畏之心上。可是,时至今天展现在我们面前的还是怎样保护大自然的课题,这是多么值得人们深思的问题。

二、盘古与“三皇五帝”的渊源

盘古事迹最早见于三国吴人徐整的《三五历记》。《艺文类聚》卷一引其文云:“天地浑沌如鸡子,盘古生其中。万八千岁,天地开辟,阳清为天,阴浊为地。盘古在其中,一日九蛮,神于天,圣于地。天日高一丈,地日厚一太。盘古日长一丈,如此万八千岁,天数极高,地数极深,盘古极长。”从这段文字看,盘古的作用还不明显,也不知道盘古是物还是人。到了晋代人葛洪的笔下,盘古就成了天、地、人之祖。葛洪在《枕中书》《元始上真众仙记》记载:在二仪未分,天地日月未具时,已有盘古真人,自号元始天王,游乎其中。后与太元圣母通气结精,生扶桑大帝东王公、西王母。后生地皇,地皇生人皇、庖羲、神农、祝融。这是描述盘古化生三皇的过程。

千古以来,盘古不怕牺牲,用生命开创了天地的事迹在中华大地传颂,受到炎黄子孙的崇拜。《述异记》云:“今南海有盘古氏墓,亘三百里,俗云后人追葬盘古之魂也”。南方各地都有纪念盘古的遗迹,始兴有盘古墓,郴州有盘古仓,湘乡有盘古堡,雩都有盘古庙,青县有盘古沟,广西桂林有盘古祠, 今人祝祀。南海中有盘古国,今人皆以盘古为姓。”《岭表纪蛮》说:“盘古为一般瑶族所虔祀,称之为盘王。”瑶族人以盘古为主吉凶之神,家家祭奉。《粤西琐谈》云:“盘古本为苗人之祖,原为槃瓠之转”。又云:“祀先之礼,苗人最重。”洞穴之中,时有崇弘壮丽,膀为盘古庙者,中祀盘古,天皇、地

盘古开天地

皇、人皇以次相附。武宜境内亦有之。每年六月初二,相传为盘古生辰,远近数百里间,凡汉、苗无论男女老幼,莫不奔走偕来。广大民间百姓还称盘古为大神。

关于盘古化生三皇的事迹,三皇是哪几位?史籍众说纷纭。《风俗通义》引《礼纬含文嘉》云:遂人以火纪,火太阳,阳尊,故托遂皇于天。伏羲以人事纪,故托羲皇于人。神农悉地力,种谷蔬,故托农皇于地。”这是以遂人、伏羲、神农为三皇。分别代表天、人、地。三皇中有伏羲和神农无疑,至于燧人、女娲、黄帝、祝融这四位谁应列于三皇,史学家大多认为燧人最有资格。因为从燧人至伏羲、神农的传说最能反映社会的进化,代表华夏文明的三个阶段:

燧人氏钻木取火,教民熟食,这是文明的肇始阶段。

伏羲设制八卦,养牺牲以供庖厨,教民渔猎,提倡嫁聚,修建住宅,这是文明的起步阶段。

神农氏教民种五谷,发明中医药,设立集市,进入了文明的农耕阶段。

三皇之后是五帝,五帝是哪几位?也存在争议。《易·系辞下》以伏羲、神农(炎帝)、黄帝、尧、舜为五帝。“五帝”处于我国原始社会未期,开始向阶级社会过渡,尧舜以后,我国进入了奴隶制阶段。历史上,我国历朝君主称“皇帝”,源于伏羲为三皇始祖又是五帝之首。司马迁在《史记·五帝本纪》对黄帝作了尽可能详细的介绍:“黄帝者,少典之子,姓公孙,名曰轩辕。”生而神灵,弱而能言,幼儿徇齐,长而敦敏,成而聪明。轩辕之时,神农氏世衰。诸侯相侵伐,暴虐百姓,而神农氏弗能征。于是轩辕乃习用干戈,以征不享,诸侯咸归轩辕……

黄帝不仅是政治家,军事家,还是发明家。先秦成书的《世本·作篇》把许多发明归于黄帝,以下分别考证之。黄帝造火食——传闻燧人出火,至黄帝时始有火食。《逸周书》云:“黄帝始蒸谷为饭,是云黄帝时以谷为食。”半坡遗址曾发现仰韶文化时期的谷物，说明母系氏族社会就开始以谷物为粮食，可见我国农耕文化之早。

作为黄帝的后裔，我们只要读一读司马迁的述说和有关古籍文献的记载，谁都会对黄帝肃然起敬——是黄帝开创了我们中华文明！我国"三皇五帝"一词，始见于《周礼·春官·外史》，其文曰："外史掌书处令，掌四方之志，掌三皇五帝之书。"由于盘古化生了三皇，因而，中华民族有了自从"盘古开天地"，"三皇五帝到如今"的说法。

历史上，中国人对"开天辟地"有两种认识，一是盘古开天地，一是八卦定乾坤。这里要说明的是盘古开天地，即神话艺术之天地。而八卦定乾坤为自然之天地。由于人类文化源于对大自然的认识，而伏羲是首先认识昊天，即自然之天的人，所以史书中记载伏羲为"三皇"首席皇帝，而盘古因此"榜上无名"。这说明了中华上下五千年的历史是唯物论的文明发展史。盘古事迹主要反映了先哲对宇宙起源的进一步认识。在远古时代，由于先人还无法得知天、地、人是如何演化而来，因而以盘古事迹来描述。这是人类科技思想初始的表现形式，这也是古代中国人的宇宙发生论而引发哲学世界观思维的反映。我国"异想天开"的词语产生就是这一思维反映的佐证。也就是说，如果没有"盘古开天地"的神话，就不可能有"异想天开"一词的出现。

千古以来，我们的祖先视天地为父母。因而，中国人的思想观念、文化教育、艺术创作、伦理道德、民俗风情、政治理念等，都以遵循天理、天德为衡量做人的标准。直至今天，我们还说，一拜天地，二拜父母，证明中华民族的道德观是建立在人与自然和谐的基础上。由于盘古和皇帝文化影响深远，我们理应深入研究。这对了解中华五十六个民族的思想发展史和民族凝聚力，都具有重大的现实意义。

三、北斗为黄帝的象征，黄帝是中华龙文化的总代表

北斗文化，作为星宿文化的一个重要组成部分，在中华大地影响深远。它不但造就了龙与帝王关系的产生，也引发了黄帝“以德配天，为政以德”的治国理念。究其历史原因，这和我国星象学与天文历法的渊源分不开。

星象学是中国古代关于天空中日月星辰的各种现象的观察、理解与应用的一门学问。其主要特点是将星象的变化与人间事务的变化视为相互关联的一个整体。我们翻开中国历代史书《天文志》，其中在讲述天上星宿位置及运行情况时，都要与人间事务联系起来。在古人的观念中，星象与天文实为同义异词。古人的天文之学，即星象学。

八卦和龙既起源于天文学的研究，又成为联接天文学与其它学科的杠杆。所以《易经》曰：“观乎天文，以察时变。”《汉书·艺文志》在“天文类”的小序中说：“天文者，序二十八宿，步五星日月，以纪吉凶之象，圣王所以参政。”意思是说，通过序二十八宿（序指划定星区，按二十八宿顺序排列于周天，周天中最为重要的是北斗七星），步五星日月，步指推步计算。五星，即岁星（木星）、荧惑（火星）、太白（金星）、镇星（土星）、辰星（水星）。水星，为龙的时空定位星。我国龙图中展现“神龙降水”的艺术形象，和“飞龙在天，龙入大海”等成语的产生，都与辰星有关联。古人利用二十八宿做为座标，以观察日月五星的运行位置。古代星象学十分重视五大行星的活动，当时天文机构和星象学家的重要工作之一，就是记录五大行星在恒星间的位置变化，计算它们的行度，以此来判定五大行星与其他星宿及日月的影响关系，最终以预测人间的事变，圣王据以参政。观察天文的目的，是为了察知时事的变化。这种天文之学，就是圣王借以治理国政的参考。

天文学研究的主要任务，就是为了预防自然灾害，更好的治理国家。追溯历史，我国从夏朝开始就有“国以民为家，民以食为天”的政治道德理念。在夏朝的疆域地图中，就有“今水系”，“今国界”方面的说明。据中国古代典籍记载，到了尧舜禹以及夏商周三代，君王利用星象学为治理国家服务已成了传统的制度。并设有专职官员负责，世袭传授其知识，这当然是自原始社会以来，漫长时期的长期积累和文明进步的结果。

伏羲皇帝创立八卦与龙文化，当然是为人类生产、生活服务的。现实生活告诉我们，君王要治理好一个国家，首先就要解决百姓的衣、食、住、行问题。要解决这类问题，就必须要制定历法以指导农业生产来发展经济。这对于一个以农耕文化为主的中华民族来说尤其重要。

现在，我们研究黄帝与龙文化产生的原因，当然要从天文历法的渊源说起。上古时期，伏羲皇帝设制八卦天文地图，就奠定了中华民族一阴一阳的宇宙观。先哲以太极为一年，两仪为冷暖，四象即四季，四季组成十二月。每月都可用阴阳爻表示，于是有了乾坤爻辰十二循环图为历法依据。

黄帝历法

我国的历法制度，历经从火历到阴阳历的漫长认识过程。从天皇氏制干支，伏羲氏作甲历，黄帝氏命大挠作甲子，太昊氏设历正古籍都有记载。古时，我国历法成书称历书，也称通书或时宪书。由于它是由皇帝颁布的，所以又称皇书，古时皇书亦称黄历，黄历亦称老黄历，老黄历即黄帝历（黄帝历法）。由于历法制度是为人类服务的，所以有了太岁生肖中属龙的人。我国传统的清明节就是以龙定时的节气。这样，龙与黄帝在历法中就产生了必然的联系。

历史上，我国对炎帝、黄帝、皇帝、帝王，或君王、君主、圣王的称呼不一，其意义相同，就与历书称呼不一有关联。当然也和我国是一个多民族组合的国度，因地域辽阔，居住的地方不同，及民俗方言的表达方式不一也有分不开的原因。

历史上，我国历法制定以天文地理为依据，以北斗为标志。用北斗七星确立北极位置，辨别列宿方向，以定节气时间。我国二十四节气与七十二物候相照对应的历法名称，是随着斗纲所指的地方并结合当时的自然气候与景观来命名的。所谓斗纲，就是北斗七星中魁、衡、杓三颗星。《轩辕本纪》云：“黄帝始划野分州，有青鸟子善相地理，帝问之以制经。”这就说明了我国历法度量的制定，是依据我国的地理位置划野分州和自然环境所确定的。古时以“轩辕黄帝”命名的星官定位在七星北，就体现了黄帝以龙为象征。

轩辕星座

所以，《重修纬书集成·春秋合成图》说：“轩辕十七星在七星北，如龙之体。俗话说，“龙有九似”其实是指九星，或九天，即华夏九州大地。由于北斗众星拱之，因而引发了黄帝以龙为象征，即代表国家最高的执政地位。所以《论语》云：“子曰;:为政以德，譬如北辰，居其新，而众星拱之。”《尚书纬》说：“七星在人为七瑞。北斗居天之中，当

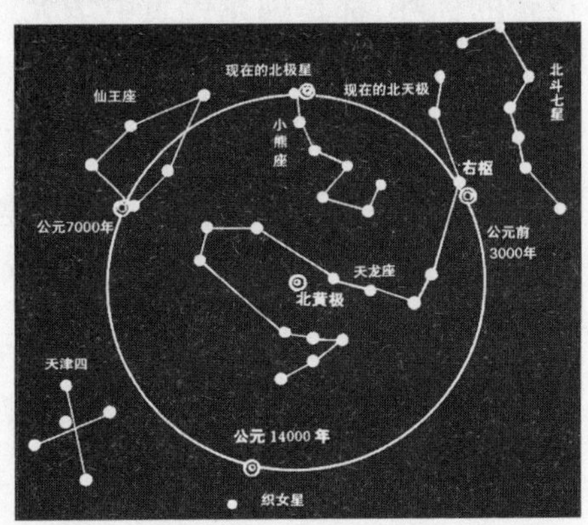

北斗与天龙星象图

昆仑之上，运转所指，随二十四气，正十二辰，建十二月，又州国分野、年命，莫不政之，故为七政。"《甘石星经》云："北斗星谓之七政，天之诸侯，亦为帝车。"因而《史记·天官书》说，北斗为"天帝车子"，在中央运转着，能君临并节制四方，举凡分别阴阳，建立四方，调和五行，推移节气，审定星纪。"

由于龙在乾坤卦中反映了天地之象，即自然万物的象征。所以中华大地处处留有龙的足迹，也有了"来龙去脉、飞龙在天，龙入大海。"等成语的产生。由于龙在黄帝历中"替天行道"，所以中国历代帝王崇拜龙。以龙为象征。《史记·秦始皇本纪》云："龙，帝之象。"就说明了龙为皇帝的象征，即代表国家执政之意。其实这一执政理念，与当今社会一个国家的领袖可代表人民是一样的道理。

历史上，中国人称炎黄子孙，为龙的传人，或中国人称黄帝的后裔，即龙的传人，以及东方人称黄皮肤的人等，虽然说法各有千秋，其意义是相同的，他们的共同点就体现在龙为中国的地理定位上。这一地理定位还造就了我国黄帝、炎帝这一称呼在文字内容上的共性：黄帝二字其意，黄指土地，为中华大地。而帝是指国土之人，俗称人上人即黄帝。炎黄二字其意：炎为夏天的太阳，黄代表土地，即太阳映照中华大地。由此可见，黄帝、炎帝的称呼，都是因龙代表中华大地而产生的人文哲学名称，其内涵意义是相同的。现在，世界各国人们只要说起龙，就知道是中国就源于这一历史文化渊源。

历史上，我国古代皇宫（故宫）建在京城，规定皇帝在九龙殿上朝，旗为龙旗，床为龙床，椅为龙椅，舟为龙舟，服装为龙袍，帝王的气质为龙气等，都与京城位于黄土高原的龙脉位置有关联（黄土高源、黄河，属北大干龙）。因为龙代表中华大地，所以中华民族以龙作为图腾标志。以上各种表述，其实都是中华大龙脉思想的体现。

我国古代的地理风水学及历法制度就建立在中华大龙脉思想的基础

上。正因为在历法中有了龙为清明节气的定位,后世中国人才有了每年清明节的祭祀活动,也有了"光明正大、清正廉明、为官清廉、政治清明"等成语的产生,并传承至今。

千古以来,我们的祖先对土地怀有深厚的感情,并认为大地有德为土德,亦称厚德。所以《周易》说"自强不息,厚德载物"的道理。当今有学者认为,《周易》是君王用来指导国政的参考书,其实质意义也在这里。

历史上,由于易学与龙文化的影响力,我国古代因疆土问题而引起的战争,如发生在长江流域的战国吴楚之战、项羽刘邦之战、三国魏吴赤壁之战、隋灭梁陈之战、元南宋襄樊之战以及农民起义为了推翻腐败的帝王,总是以龙为号召。元末农民起义在大旗上写着"龙飞九五,重开大宋之天。"近代太平天国领袖洪秀全有诗云:"风雷鼓舞三千浪,易象飞龙定在天。"这都反映了龙和易学与天地的渊源。由此可见,龙见证了中华民族上下五千年的沧桑岁月。

历史告诉我们,人类创造文化的目的是为了促进社会的和谐发展。而我国黄帝以龙制定历法是为了广大百姓生产、生活的需要,也是为了促进社会的和谐发展。从文化意义上来说,黄帝以天为载体,以龙为象征,所以我们都自称黄帝的后裔,即龙的传人。应该说,黄帝是中华龙文化的总代表。

四、中华"五大龙脉"与山水文化的渊源

千古以来,以山水为载体的"五大龙脉"文化,在中华大地影响深远。它不但造就"山水喻龙"的神奇描绘,又反映人与自然和谐的道德理念。究其历史原因,这和古人的"山水情怀"分不开。

山水情怀，是我国先民在农耕社会中形成的一种文化心态，主要表现于同自然山水的情感关系上。古籍《玉尺经》云，“山为体，水为用，一气而成。用属阳，体属阴，动静乃见。”山水互为一体，水为万物之源，就成为先民对自然物特性的认识。

我国古老的山水画和书法的发明，以及后世各种文化艺术作品的创作如神话中的龙王、妈祖、雷神、雨师、风伯、大禹治水、西游记、哪吒闹海、牛郎织女等神话故事中对龙的描绘，还有龙图中展现“神龙降水”的艺术形象和飞龙在天、龙入大海等成语的词意产生，都源于古人对自然山水重要性的认识。由于先哲对自然山水的感性认识，因而造就了中华大龙脉思想文化体系的建立，而相地风水学就是佐证。我们现在说长江、黄河为中华民族的母亲河，即“龙”的象征，既说明水为万物之源的道理，也是中国人“山水情怀”的思想体现。

那么，龙与自然山水又有怎样的关系呢?《易·系辞》曰，“云从龙”。“召云者龙”。说明了龙与云的关系。《山海经》认为，“龙”是从云气引申而来的，与雷电风雨关系密切，为“龙卷风雨”之象。《淮南子·地形训》中说，“云从龙，召云者龙。”即天地相照对应：黄云为黄龙，青云为青龙，赤云为赤龙，白云为白龙，黑云为黑龙。这样，龙就具有了云的升腾功能，成为“飞天之龙”，即天人相应的交通工具。以上描述，当然与“山高云天”的形象特征有关联。先哲认为，绵延的山脉是大地隆起的脊梁，巍巍的山峰是擎天的石柱，群山之中昆仑山最受尊崇，被视为“龙”的象征。

中原腹地有五岳，五岳以泰山为长，称中原龙首。山的雄伟高大在古代有两种认识：一种认为它是通往上天的路，因而有神秘性。另一种认为，山是幻想中神灵的住所。我国先哲把昆仑山看作中华“五大龙脉”的发源地，也是诸神所居住的地方。古代希腊人也认为奥林匹亚山是希腊诸神所在的地方。由此可见，高大的山峰具有神灵的性格是古代山水崇拜的根源。

我国历来有敬奉五岳的习俗，泰山成为历代帝王封禅祭天的神山。《诗经·鲁颂》有“泰山岩岩，鲁邦所瞻”；《大雅》中有“嵩高维岳，峻极于天。维岳降神，生甫及申”。都在敬颂这些山的至尊，至极高大为万物之始源。我国皇帝礼拜泰山，亦为表达对自然山水的感恩之情。

唐司马贞《史记·补三皇本纪》说，“人皇以后，有五龙氏”，五龙氏帝名。以上说的人皇即伏羲，“五龙”是指自然山水中的“五大干龙”（山水喻龙）。说明先有伏羲，后有龙，所以伏羲为龙的始祖。

古籍《汉唐地理书钞》辑《遁甲开山图》云：“五龙见教，天皇被迹，望在无外柱洲昆仑山上。”

《荣氏解》说：五龙治在五方，为行神。五龙降天皇兄弟十二人，分五方为十二部，法五龙之迹，行无为之，化天下仙圣，治在柱洲昆仑山上。无外之山，在昆仑东南一万二千里，五龙天皇皆出此中，为十二时神也。五龙，皇后君也。昆弟五人，皆人面而龙神，長曰角龙，木仙也；次曰徵龙，火仙也；父曰金龙，土仙也。父与诸子同得仙，治在外方。

以上描述神龙与二十八宿中日月五星相照对应的时空关系，也说明中华“五大干龙”都源于昆仑山脉。

《玉尺经》记载：天上分布着星宿，地下排列着山脉和河流。五星在天上形成象，在地面形成地形。因此，中华大地东、南、西、北、中，有“五大干龙”都源于昆仑山。在历法中，一年有十二个月，每天十二时辰中都有龙的时空定位。所以中华大地处处有龙的足迹，也产生以龙命名的山川河流。玉龙雪山、黑龙江等就是实例：我国青铜纹样中种类繁多的龙图案，亦是“物”的象征。

在地理认识上，先哲将高低起伏，绵延盘亘的山脉称为龙脉。中华“五大龙脉”的形态走向：二龙入印度洋、太平洋汇入世界，三龙在中国。这说明了先哲已经认识到太平洋、印度洋是中国走向世界的海上通道。

我国三条大龙脉:左支环阴山贺兰,入山西起大行,渡海而止,为北龙。中支循西蕃入趋岷山,沿岷江左右,出右江者叙州而止;江左者北去,趋关中,脉系大散阙;左渭右汉为终南太华。下泰岳起嵩山,右转荆山,抱淮水。左落平原,起泰山入海为中龙。右支出吐番以西,下丽江,趋云南,绕沾益,贵州关索,而东去沅陵。分其一由武关出湘江,西止武陵;又分其一由桂林海阳山过九嶷衡山,出湘江东趋匡庐止;又分其一支过庾岭,渡草坪,去黄山天月三吴止;过庾岭者又分仙霞关,绕武夷山至赣,闽止;分衢为大拌山,右下括苍,左为天台四明,渡海而止,总为南龙。

各省的龙脉都是全国大龙脉的分支,分支龙脉各有不同。由于大小龙脉各有不同,因而产生大小龙王的说法,也有了“龙”为自然物象的各种描述。

葛溪说:须弥山(昆仑山)是天地的脊骨,中间连接天的中心成为庞大无比的内核,四肢才分成四方大世界,而只有东龙进入中国(中国位于东方,为龙的国度。)南龙从昆仑山绵延而出,龙子、龙孙也都是可以识别的。杨筠松《撼龙经》上说:“凡到平地莫问踪,只见环绕是真龙。”踪,指山的踪迹:环绕,指水形流向。三龙只论长江、黄河和鸭绿江三条大江便可,整个中国地势全以它们为夹从。因此,长江、黄河被称为中华民族的母亲河,即龙的象征。大龙可以论大关拦,小龙可以论小关拦。大关拦广达千万里,关拦越大,也便越远,像冀州关拦,便拉于碣石这个地方;长安关拦,便位于荆山;洛邑关拦,便在太华山。这一类都是大关拦。

大干龙的规模相当远大,本是天地所珍藏、秘不示人的,又有神山护卫。高大的地形不能随便指为干龙,把它当作法度。总之要以紧夹为贵,要以“山水环抱”亲眼见到缠护才为上。朱士远说:“普天下所有的地脉,都是从昆仑山发源的。我国相地风水学中的龙脉理论就源于对地形地貌特征的认识,注意到了西北比东南高,还注意到山川水系之间都有内在联系。”

地理风水学认为，龙就是山的脉络，土是龙的肉，石是龙的骨，草木是龙的毛发，水为龙的血脉等。古人将形象万千的山脉称之为龙脉，本义就是指山脉水流的动态气势。山的连绵起伏，水的奔腾不息，山不转水转便形成了“山水喻龙”的形态特征，即抒发对大自然景观的描绘。这是人类认识自然、迈进科学理论的一大步。

历史上，我国汉代以阴阳学代指日月运转的天体学。在天体学研究中，我国先哲提出了浑天说、宣夜说、盖天说。这三种学说是朴素的唯物观、伟大的猜想。盖天说认为大地是静止的，日月星辰在天穹中旋转。地有八柱，柱广十万里，有三千六百轴互相牵制，名山大川孔穴相通，天倾西北，地陷东南。西北山高云天，而东南为海洋辽阔之地。这和中国的地形地貌相符合。

盖天说为中国以自然山水为主体的大龙脉思想体系的建立奠定了基石。以中国来说，龙以水作为界限，长江、黄河、鸭绿江是三大界水。龙的走势由陕西、四川向东方延伸，所以水都向东流。当然也有向北流和向西流的，由于水都向东流所以交织很复杂。我国两京十三省，便譬如一个小小的穴场，河南是其中的乳，山东、北直（即可河）是其中的左砂，吴越和闽广是其中的右砂，东海是其中的明堂，吕宋、琉球、琼州是其中的印星，长江、黄河是穴旁的须水，登州、莱州绵延入海，左砂是曜气、过脉和束气，还在陕云的外围。这只有智慧之人才能通晓其中的道理，才能识别它。

历史上，“龙卷风雨”之意是指雨水与人类社会生产、生活最为密切的气象变化关系。远古时期，人类采集植物食料、狩猎活动都与雨情有重要关联，特别是农业收成好坏，雨情起决定性作用。时至今日，我国农业生产还要“靠天吃饭”。所以殷商时常有天旱求雨和淫雨求晴的祭祀。这些载于大量的殷契中。

水在农耕社会尤为重要，明末清初的大学者顾炎武说：“三代以上，人人皆知天文。七月流火，农夫之辞也。三星在户，妇人之语也。月离于毕，戍卒之作也。龙尾伏辰，儿童之谣也。”（注，太古时之人“日出而作，日落而息”。人们在耕种的过程中都要掌握节气时间。《龙尾伏辰》是指清明节气的重要性。为了耕种的需要，妇人儿童都很熟悉天上的星象变化。）

人们对龙怀有敬畏之心，也期盼龙给人们带来福祉和恩惠。这种观念形成了人们共同的思维与心理定式。于是，龙在中国人的观念中，和实际的生产生活中，都占有了非常重要的地位，甚至被看作是云的生物意象或其伴生物。其实质，“山水喻龙”的表现形式，皆源于古人对自然山水的重要性认识，也体现了人与自然和谐的思想理念，这也是中华民族迈向现代科技文明的历史象征。

附图如下：

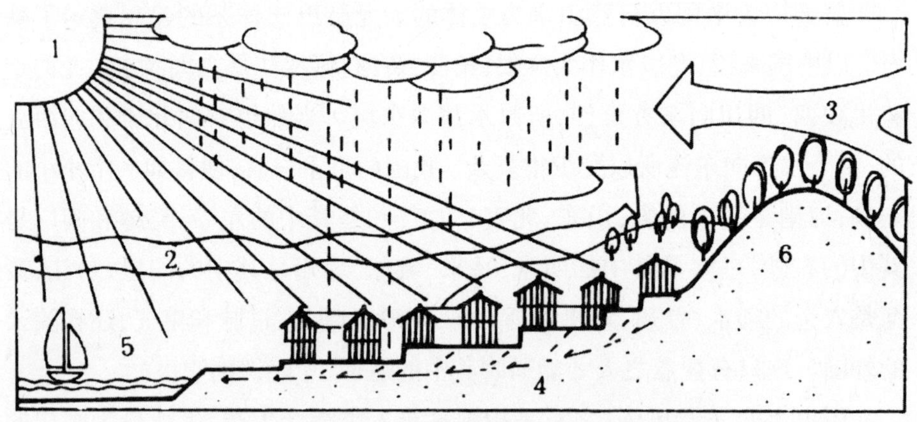

1.良好日照　2.迎纳夏季凉风　3.屏挡冬季寒流
4.良好排水排污　5.便于用水与交通　6.保持水地调节小气候

风水宝地生态条件

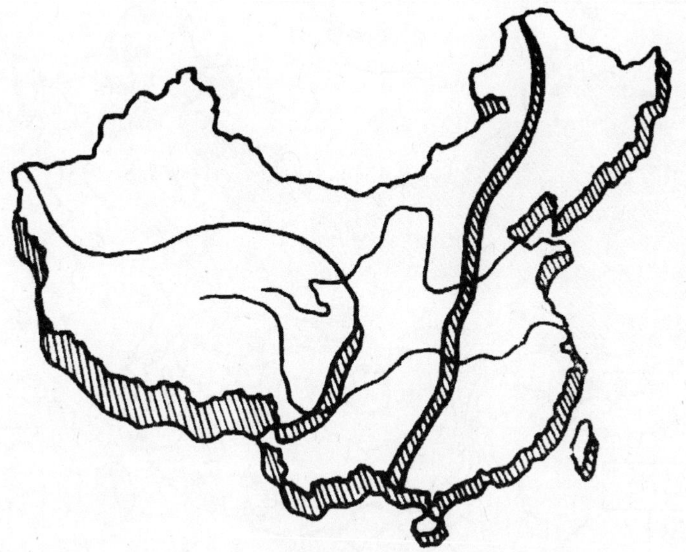
中国地图三阶梯

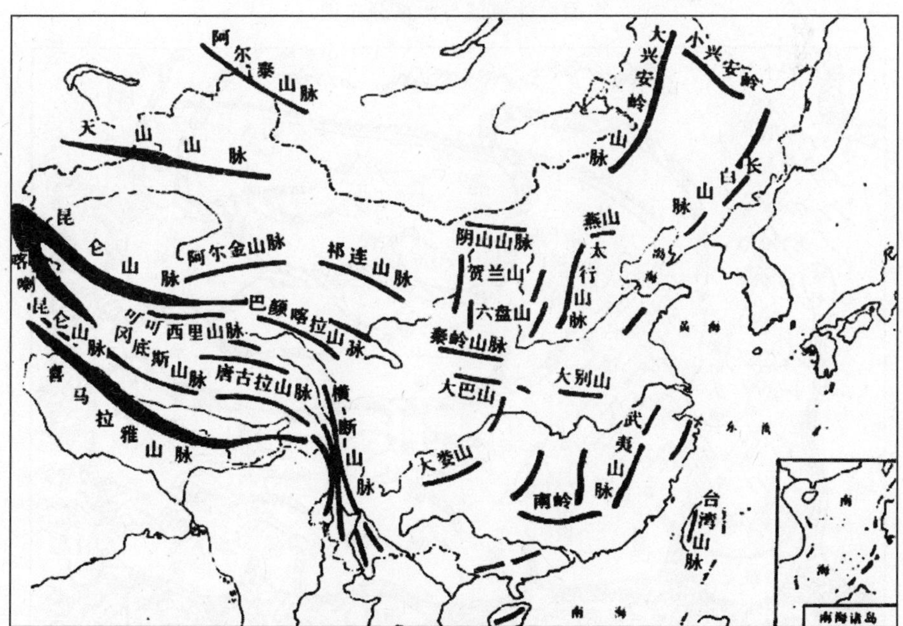

中国主要山脉分布示意图

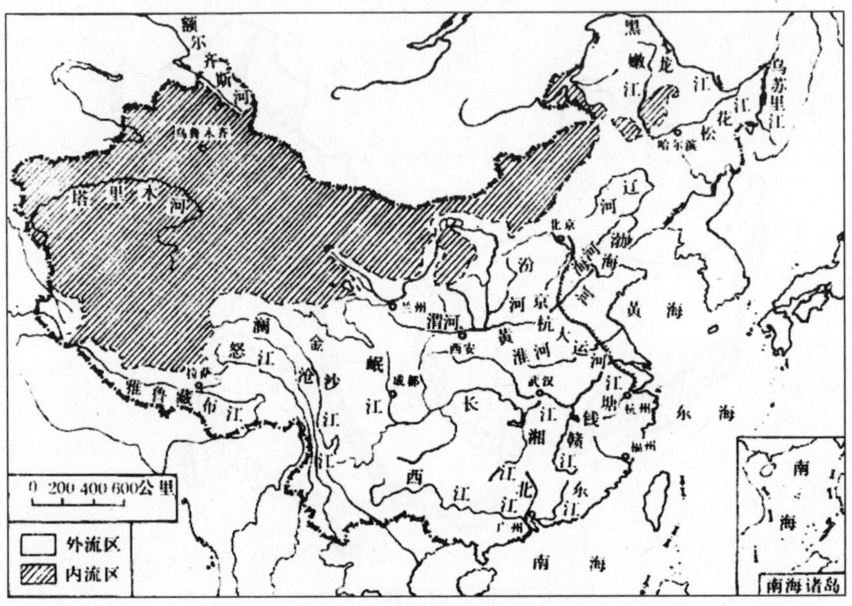

中国内外流域与水系分布图

《三才图会》所载中国三大干图

第五章

“天上人间”文化的历史价值与中华文明的渊源

一、“天上人间”文化源于中国古代天文学

当今，我们说“天上人间”文化，即是由天与人之间的关系而引发的一种文化现象。其实质，就是天道与人道关系中的文化内涵。这一文化的特点，是以“人格化之神”的方法来描写，也是“人格化之神”在文化艺术中的一种表现形式。应该说，“人格化之神”是人与自然关系共同形成的产物。源于自然变化的神奇性与人间关系的不确定性所致。因而具有神秘的色彩，古人特别相信。究其历史原因，这也离不开我国古代天文学特点，即天上星宿位置及运行变化时，都要与人间事务联系起来的文化渊源。

关于天象变化的神奇性，远古人类是无法探知其究竟的。面对巨大的自然力量，人类显得如此渺小，因而产生了自身命运无法把握的恐惧感，也产生了“听天由命，靠天吃饭”的宿命论思想。这是古人“唯物论”观念始初的反映。在古人的心目中，天是最伟大的神圣之物，也是人间父母。因而把世界上的一切都解释成天意的表现：“天何言哉！四时行焉，百物生焉，天何言哉。”天的意志是无言的权威。

通过对天的认识和崇拜，古人获得了自己的智慧和力量，以解释天的

象征意义。用天和天的变化来探究自然、社会、伦理道德等。因而有了君主受命于天、代天牧民、“替天行道”、“真龙天子”等论述。也有了“为政以德，以德配天”，以遵循天理、天德为衡量做人的标准，以此成为中华传统文化中的人生道德观。因而也产生了“天地君亲父，及一拜天地、二拜父母”、“苍天有眼，人在做，天在看”、“行善积德”，“苍天不亏善心人”等多种说法，并传承至今。究其历史原因，这和中国人的“天人合一”思想”分不开。也是“天人感应”、“天遣思想”的体现。

现在，我们研究“天上人间”文化，与龙文化的起源及演化过程，首先就要从古代天文学对恒星的命名说起。中国恒星命名的历史可以远溯到殷商时代(约公元前十五至十二世纪)。根据殷墟出土的甲骨文记载，已有“鸟”和“大火”等星名(“鸟”为凤凰。大火为太阳。古时称大火龙，即苍天之龙。以制定火历。)殷商以后被命名的恒星越来越多，其中有许多星官星名一直沿用至今。在中国传统星官星名中，有二十八宿、五星、北斗七星、南斗六星、天皇大帝、五帝内座、轩辕十七星、蚩尤、天关、天柱、天门、天辐、天床、天江、天乳、天纪、天蓬、天雀、天垒城、天大将军、天仓、天枪、天牢、天津、长沙、九河、河鼓、太子、长庚、须女、牛郎织女、御女尚书、六甲、军门、羽林军、阵车、骑官、神宫、天狗、天理、天阴、天苑、天园、天相、天庙、

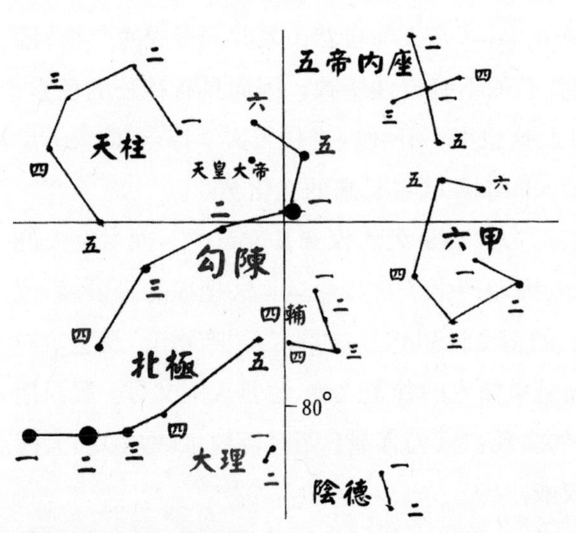

天皇大帝　五帝内座等星座

太尊、参旗、阴德、灵台、明堂、土司空、玉井、箕星、咸池、福、禄、寿、文昌、魁星、进贤、司命、司禄、库楼、平道、南门、天渊、招摇、水府、五诸侯、积水、积薪、水位、丈人、子、孙、老人、野鸡、三角形、十字架、青龙、白虎、朱雀、玄武、孔雀、飞鱼、金鱼、南船、海石、蛇首、蛇腹、蛇尾等星官名。

以上星官星名的内涵，为古代各种文化艺术的创作而应用。其中，北斗，南斗，天皇大帝，五帝内座，轩辕十七星，五星，蚩尤，青龙等，与帝王和龙文化有关联。

军门，天大将军，羽林军，阵车，骑官等，与古代军事武术有关联。

天皇大帝，天关，天柱，天门，天垒城，天枪，河鼓，天蓬等，与龙卷风雨中的雷神、雨师、风伯以及大小龙王有关联（中国神话中的大禹治水、西游记、哪吒闹海、等神话故事中都有相应的描述）。

长庚，须女，牛郎织女星，与《天仙配》等故事有关联。

天津，长沙与城市命名有关联。

天理，文昌，魁星，进贤，御女尚书，六甲，三角形，福、禄、寿，与人生观和教育理念有关联。

神宫，天狗，咸池，天苑等，与太阳，月亮神话有关联。

天庙，太尊，司命，司禄，阴德，灵台，明堂，十字架，平道，与宗教文化有关联。

太子、老人，丈人，子，孙，与中国人的辈份称呼有关联。

孔雀，野鸡，天雀，蛇首，蛇腹，蛇尾等，与动物信仰有关联。（《白蛇传》故事中有应用。）

九河，南船，海石，水位，积水，飞鱼，金鱼，与山水文化有关联。

库楼，积薪等，与日常生活和经济收入有关联。

由于二十八宿为座标星，所以在空间与地理方位上，以及帝王与龙文化中都有相照对应的描述。

应该说,“天上人间”文化的产生是古人探究宇宙空间未知物质认识的一种思维结果,这也是古代中国人的宇宙发生论而引发哲学世界观思维的反映。因此,古代天文学也就成为中华传统文化的最高学问。所以古人认为,上知天文、下知地理是拥有最高学问的人。由此可见,古代天文学是“天上人间”文化,即涵盖神学和神秘文化,以及儒、佛,道文化的源流。

二、龙与帝王在北斗文化中的德艺表现

早在远古时期,我们祖先为了探究宇宙的奥秘,就与星象结下了不解之缘。通过长期的观察和总结,先哲认为:星与人有相照对应的关系,即天上一颗星,地上一个人。一颗星的出现,就是一个人的诞生;一颗星的陨落,就是一个人的死亡。《三国演义》描述诸葛亮见东文大星落下,就断言关云长死了,就体现了星与人的相应关系。在古人的观念中,文人是文星,武人是武星,北斗七星的前四颗星是魁星,科举高中者为魁首。这一认识,引发中国古代科举制度的建立,也有了文武状元初始的考试规则,因而产生“龙榜有名”,即考中状元者为“大魁天下”的说法,这是中华文明进步的体现。

关于北斗,先哲在文化与艺术创意上有着广义性思维。

《淮南子·天文训》云:“北斗之神有雌雄。”为化生之神。我国道家尊称北斗为星君,谓之星神。道家认为:北斗可以感生圣贤,黄帝就是北斗感生的。因而《搜神记》说,黄帝母梦北斗而孕生黄帝。

《拾遗记》则说:“帝颛顼高阳氏,黄帝孙,昌意之子,昌意出河滨,遇黑龙负玄玉图,时有一老叟渭昌意云:生子必叶水德而王。(注:水德亦称龙德,或天德,即道德。)意思是说:北斗感生了圣贤,黄帝为圣贤之人。也就是

说，凡是圣贤都是有道德的人，而唯有敬德者才能通晓人与天地和谐，就能“刚健笃实，辉光日新，其德刚上而尚贤”的道理。因而，黄帝执政时认为：人应当效法天的造化，要遵从天意和民意，要“以德为本”，“裁成天地之道，辅相天地之宜，以左右民。”所以《论语》云：“子曰：为政以德，譬如北辰，居其新，而众星拱之。”

当今，我国提倡“以德治国，以法治国”的方针，就传承了这一文化理念。其实质，“为政以德，以德配天”的文化理念，就是中华民族提倡人类世界要“以和为贵”的思想理念。这也是中国人“以德报怨”思想产生的原因。《墨子·尚同》云：“治天下之国若治一家”，说明人类社会是一个大家庭，人人和睦相处，即世界和平的道理。

历史上，我国在京城建造天坛、地坛、日坛、月坛，就体现了天地人和谐文化的内涵。究其历史原因，这与中华民族在长期的农耕社会中，形成崇拜天地的信仰文化有关联。由于古人崇拜天地，因而产生了“天地君亲师”的说法，也有了“天地人三才”的论述。我国“盘古开天地”的神话故事，就源于先哲对天地人和谐关系的认识。因而，三国吴人徐整和晋代道家葛洪对盘古化生“三皇”进行了描写。而《太平经》解释说：“天有三皇，地有三皇，人有三皇。”为此道教还描绘出《九皇图》。《道藏》第三四二册《九皇图》则对天地人三皇各以初、中、后命名，亦称九星。谓其形象各异，或人面龙身，或人面蛇身。（注：在道教文化中，《九皇图》亦称《九龙图》。九龙亦称九星。）九星，《云笈七签》解释说：天有九星两星隐。指北斗。“北斗七星”，又得左辅右弼二星，共为九星。九星，古时亦称九天，即九重天。因而产生了“龙有九似，龙生九子，为九龙”，即象征九星，或九天的说法。

以上是星宿神话的一种艺术表现形式，也符合《周易》论“龙蛇之蛰”的内涵，同时与我国生肖文化有关联（古时龙蛇称大小龙，为人的属相。）在图腾文化中，盘古、伏羲、女娲、“三皇五帝”，与龙蛇都有关联性，这是生肖纪年的一种表现方法，其意义就体现在每个人出生时身上都带有某种动物的符号烙印，这就告诉了人们不要忘记自己的生命是和其它动物相随而行的，人类爱护其它物种的生命就等同于爱护自己生命一样的道理。这是大自然母亲造化的生命世界，也是人类无法改变的自然法则。

我国盘古开天地的事迹之所以在中华大地千古传颂，其意义就体现在人类感恩大自然母亲的这一道德理念上。因此从三国至晋代，到南北朝梁人任昉的笔下，盘古也就成为自然万物之神。所以《述异记》云："昔盘古之死也，头为四岳，目为日月，脂膏为江海，毛发为草木。"到了明代，明董斯张《广博物志》卷九引《五运·历年纪》云："盘古之君，龙首蛇身，嘘为风雨，吹为雷电，开目为昼，闭目为夜。死后骨节为山林，体为江海，血为淮渎，毛发为草木。"《艺文类聚》卷一引《三五历记》也说，"盘古之君，龙头蛇身，嘘为风雨，吹为雷电"。由于以上描述，盘古也成为龙的化身，即自然万物的象征。因而《史记·五帝纪》云，炎帝神农氏其母有蛴氏游华阳，"有神龙首感而生炎帝"。道教还描写，华胥践巨人迹生伏羲，女娲。伏羲，长头修目，龟齿龙唇，眉有白毫，须垂委地。一日伏羲人头蛇身。伏羲氏其母居华胥，"与蛇感而孕"（龙蛇亦属）。由于中华始祖与龙蛇有了关联性，所以古人"以蛇画龙"，以龙作为中华民族的图腾标志。

关于太昊伏羲，道教文化辞典记载，太昊，道教神名，即"伏羲"为"太昊"。《吕氏春秋》解释说，太皞即太昊。"孟春之月，其神太皞。太昊仰则观象于天，俯则观法于地，旁观鸟兽之文，与地之宜，近取诸身，远取诸物，始画八卦。"这也说明八卦图是观察天地万物而产生的，所以称为上古时代的天文地图。由于八卦认识昊天，所以古人尊称伏羲为太昊伏羲。

有关"龙"的文字记载历史，《左传·昭公二十九年》云："古者畜龙，故国有豢龙氏、御龙氏"。夏人以龙卜事。由此可见，在失传的夏朝《连山》易中就已经有龙的文字出现，因为"伏羲八卦"有卜事功能；同时也可以分析认为：

夏朝的《连山》和商朝《归藏》易是在《周易》成书后遗失的。因为六十四卦的内容解释最早源于《连山》易。也就是说,《周易》是建立在《连山》《归藏》易的基础上而创作成书的。

千古以来,羲皇与龙就有分不开的情缘。《竹书纪年》说:伏羲氏各氏族中有飞龙氏、潜龙氏、居龙氏、降龙氏、土龙氏、水龙氏、青龙氏、赤龙氏、白龙氏、黑龙氏、黄龙氏。《通鉴前编外纪》云:太昊时因有龙马负图出河之瑞,因而对设置的官名用“龙”纪号,称为“龙师”。命朱襄为飞龙氏,造书契;昊英为潜龙氏,造甲历;大庭为居龙氏,治屋庐;浑沌为降龙氏,驱民害;阴康为土龙氏,治田里;栗陆为水龙氏,繁滋草木,疏导泉源。又命五官,春官为青龙氏,又曰苍龙,夏官为赤龙氏,秋官为白龙氏,冬官为黑龙氏,中官为黄龙氏等。

历史上,伏羲既是“三皇”始祖,又是“五帝”之首,所以称“伏羲皇帝”,即中华文明的创世人。盘古、伏羲,与龙文化的产生,标志着中华民族进入了文化艺术领域的新时代。当今,我国发明导航技术,并以北斗命名就与北斗文化有关联。应该说,由北斗星而引发的文化现象,则是中华民族的人文哲学、民俗风情、宗教事业,以及德艺文化的源流。我国“德艺双馨”这一成语的产生就与北斗文化有关联。由此可见,北斗文化在我国传统文化中具有极其崇高的地位。

三、龙与龙王、雷神、雨师、风伯和妈祖文化的渊源

当今,我们说“龙”的话题,就会联想到“飞龙在天,龙入大海”,即龙卷风雨之象。以及龙王,与雷神、雨师、风伯和妈祖文化的渊源。那么,它们一脉相承的渊源关系又是怎样产生的?龙在星宿神话中究竟为何物?《山海

经·北大荒经》云:“章尾山有神，人面蛇身而赤,直目正乘,具瞑乃晦,其视乃明,不食不寝,不息风雨,是谓之龙。”

山海经

历史上,我国先哲“以蛇画龙”,而龙图中又展现“神龙吐水”的艺术形象,就源于龙为风雨的这一描述。由于风来自天空,雨水落在大地。因而有了“飞龙在天,龙入大海”等成语的词意。也有了“龙卷风雨”的形象描绘。《管子·水地篇》说:“龙生于水，被五色而游,故神。”这里说的神是指龙为神,即神龙之意。关于龙王,我国史书中记载:龙王,司兴云降雨之神。《重修纬书集成·春秋合成图》云:“轩辕,主雷雨之神也。”又以星象说法,加以附会:“轩辕十七星在七星北,如龙之体,主雷雨之神”。

以上,使我们得知,古人说的“龙”,其实质是指自然界的风雨变化,与人间事务的不确定性相应。有关龙与风雨的关系,我国史书中就有“云从龙,风从虎”,谓龙起生云,虎啸生风的描述。《易·乾》说:“云从龙,风从虎。”用以比喻圣主贤臣之遇合。这一遇合也为黄帝称“真龙天子”一说提供了理论依据。“真龙天子”,意为君臣百姓的统称,即都是天之子。

历史上,由九州分野而产生的龙虎文化,在中华传统文化中得以广义性应用。我国古代关于“龙虎榜”的说法,及江西龙虎山的名称等,都与星宿文化有关联。

在二十八星宿中,龙卷风雨之象与毕星(雨师)、箕星(风伯)相对应。雨师、风伯被认为是龙的象征。《汉书·郊祀志》云:“秦时雍有二十八宿,风伯、雨师之属。”东汉·蔡邕认为:雨师神,毕星也。其象在天,能兴风雨(龙卷风雨之象)。汉代毛亨《传》云,“月离阴星则雨。”阴星即毕星。意思是说,“月儿投入毕星”，就有雨的征兆。月亮靠近了毕星，大雨就会滂沱降落。我国《诗经》中，就有“月离于毕，俾滂沱矣”的说法。（注：毕宿在金牛座，古人以其形状象毕网而命名为“毕”。毕星，即毕宿。）

在星宿崇拜中，雨师崇敬为最。如同风神被附会为箕星一样，雨神被附会为毕星。历史上，西周及春秋列国皆将祭雨师列为国家祀典。《周礼·大宗伯》记载：“以槱燎祀司中、司命、风伯、雨师。”“槱”是聚集木柴，当时祭祀风神箕宿、雨神毕宿，要架起大柴堆来焚烧。秦国还专门修建了国家级的雨师庙。据《汉书·郊祀志》上载，“秦时，雍有二十八宿，风伯、雨师之属，百有余庙。”关于龙与风伯、雨师的关系，《列仙传》卷上说：“赤松子者，神农时雨师也”。

《山海经·南山经》云：“堂庭之山多水玉”。郭璞注：“水玉，今水精也。”水精：即水晶，……赤松子服以登仙。赤松子是传说中的仙人，又称“赤诵子”。赤松子被后世小说家描写为一个“颠狂野人”，它有神的法力，化为一条赤龙，随风雨上下。后被道教最高神“元始天尊”封为雨师，主行霖雨。这

龙虎山天师府

葛仙山

样，龙与雨师、风伯就产生了关联性。我国鹰潭龙虎山、上饶三清山的风雷塔文化及灵山、葛仙山的道教文化中都有描述。

由于龙在道教文化中具有神的善变功能，因而产生了龙形象类别的多样性特征。我国古籍中记载了有角龙与无角龙、有足龙与无足龙、有翼龙与无翼龙、一身双首龙与一首两身龙等千姿百态形状不同的龙。《本草纲目》描述："龙有九似"，为兼备各种动物之所长的异类。其名殊多，有鳞者谓蛟龙，有翼者称应龙，有角者名螭龙，无角者名虬龙。小者名蛟龙，大者称苍龙等，其形象与功能也有不同。

我国史书中还记载了在大禹治水的过程中有龙的活动。在描写大禹治水前，有应龙以尾画地，为禹画出应开挖的导水的水道线路。也有传说，禹治水时疏导河川，挖去山岩，有应龙在前曳尾，有玄龟在后挖泥，当疏导到巫山县时，一条应龙画错了水道，被禹处死。巫县现在仍有错开峡和斩龙台两处地名。从而反映了龙功能类别的多样性特征。

历史上，赤松子化龙施雨，为后世雨师延伸至龙王、天妃(妈祖)、雷公(雷神)，的说法起了桥梁作用。"龙王降雨"，成为后世十分流行的说法，龙王也完全取代了雨师的职能。不过，雨师的位子也未取消，成为龙王的属神，并赐名封王。

三清山风雷塔

灵山(道教33福地)

道教赐封的有诸天龙王、四海龙王、五方龙王等。《太上洞渊神咒经》记载有“龙王品”,列有以方位为区分的“五帝龙王”,以海洋为区分的“四海龙王”,以天地万物为区分的54名龙王名字和62名神龙王名字。

宋徽宗大观二年(1108年),还诏天下五龙皆封王爵,封青龙神为广仁王,赤龙神为嘉泽王,黄龙神为孚应王,白龙神为义济王,黑龙神为灵泽王。并遵元始天尊、太上老君旨意,领施雨、安坟之事。《太上洞渊请雨龙王经》云:遇天旱,诵经召龙王,即可普降大雨。龙王封王爵为《西游记》《哪咤闹海》等神话小说提供了艺术素材。

关于龙王的女儿,《太平广记》卷418“震泽洞”条引“梁四公记”说:“震泽中,洞庭山南有洞穴,深百余尺,旁行,升降五十余里,至一龙宫。盖东海龙王第七女掌龙珠藏,小龙千数卫护珠……”这是中国龙王、龙女的首次记载。

有关龙女的事绩,《元史·祭祀志》说:“南海女神灵惠夫人,护海运有奇应,加封天妃神号。”天妃即天上圣母,后称“妈祖神”人呼龙女。常于海中,显灵救人危厄。明封天妃,列入祀典。唐玄宗时,诏祠龙池,设坛官致祭,以祭雨师之仪祭龙王、龙女。当今,妈祖文化在世界上得以传承,就与龙的历史分不开。也就是说,妈祖文化源于中华龙文化。

关于龙与雷公的形象，后世小说家描写道，雨师常与雷公、电母、风伯等合祀。其典型形象为：乌髯壮汉，左手执盂，内盛一龙，右手若洒水状。这位雨师既不是商羊，也不是赤松子，而是陈天君。陈天君当然与雷公江天君、电母秀天君、风伯方天君一样身显法力。“天君”，是道教对神仙们的一种尊重称谓。

历史上，雷公亦称雷神，为龙的化身。后世小说家描写最初的雷神：是龙身人头，龙鼓其腹则发雷；后来又描绘为雷公成了背生双翼、鹰嘴鹰爪，左手执尖凿、右手执铁锤的模样；电母则是一少妇拿着两只镜子。并说雷鸣电闪就是雷公挥锤击凿，电母舞镜子造成的。还有的把雷神说成是“天鼓”或“雷车”的造形，其说法不一。古人是按照动物的形象来想象“雷神”象貌图案的。《山海经·大荒东经》中有雷兽的说法，并说黄帝用雷兽之骨击鼓，“声闻五百里，以威天下”。郭璞云；“雷兽即雷神也。”《山海经·海内东经》对雷神又作了具体的描述：“雷泽中有雷神，龙身而人头，鼓其腹，在吴西。”由于打雷发生在天上，古人将雷神与天上的龙联系在一起，又因打雷要发出隆隆之声，于是又将雷神的肚子想象成一面大鼓。以为雷声出自天鼓，即天神所击巨鼓。

俗话说：迅雷不及掩耳。暴风雨之时，雷电迅疾，常能击折树木，焚毁房屋，击死人畜，古人认为这是上天发怒降灾，为天灾所致。也有传说，做人不讲道德，尽做“伤天害理”之事，就会遭天打雷劈的报应。于是人们附会雷神能代天执行刑罚，是主持正义之神。后来天帝封它为“九天应元雷声普化天尊”。雷声普化天尊总司五雷。五雷，即天雷、水雷、地雷、神雷、社雷。也称天雷、地雷、水雷、神雷、妖雷。在二十八宿中，天雷，箕星掌之；地雷，房星掌之；水雷，奎星掌之；神雷，鬼星掌之；妖雷，娄星掌之。当今，世界各国军队中的武器有以水雷、地雷而命名，就与雷神文化有渊源。

通过以上对龙与雷神、雨师、风伯以及龙王和妈祖的形象描述，我们可以看出它们异名同义一脉相承，与雷电风雨总是形影相伴，反映了古人对水为生命之源的认识。我国历史上的大禹治水、京杭运河的开通，和现在南水北调工程的建设，都源于对水资源的重要性认识。当今，我们说长江、黄河是中华民族的母亲河，为龙的象征就源于这一道理。我国龙图中龙洒雨水的壮观景象就体现了这一文化内涵。

其实质，龙图就是自然山水的缩影图。所以古今文学、戏剧、影视作品、民俗风情、道德理念等都离不开龙的题材。中华龙得到海内外炎黄子孙的崇仰是有历史渊源的。我们应该为祖先留给后代子孙这一博大精深又丰富多彩的龙文化而自豪。

四、神龙与“牛郎织女”故事的历史渊源

在人类文化发展史上，每个民族在古代都有“神”的观念，有关神的故事就是神话。中华神话源于“八卦”对“天文”的认识。天文是指天上星星组合的图案，古人将天上众多的星星分成不同的星区，想象成不同的事物，编成不同的神话故事，这样“天上人间”神话由此诞生了。

滕王阁

唐代，温庭筠《太液池歌》云：“夜深银汉通柏梁，二十八宿朝玉堂。”夸饰地描写了星光灿烂、照耀宫阙殿堂的壮观景象，这就是人们以星而幻想的天堂。王勃《滕王阁序》说：“物华天宝，龙光射斗

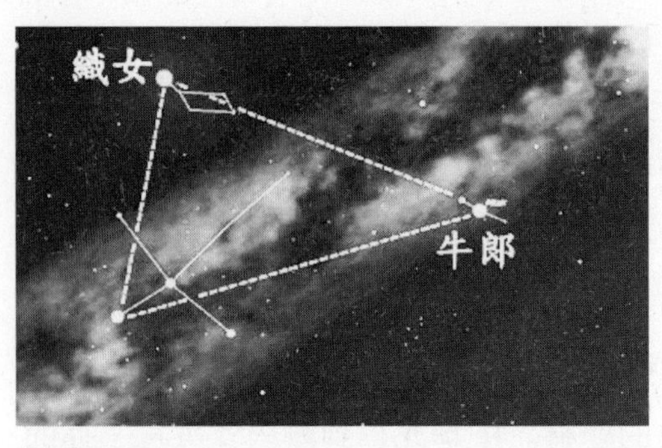

牛郎织女星

牛之墟。”是说天上星星形成的彩光，象似“天龙”身上的夜明珠直射斗宿、牛宿的星区。

天龙在何方？《星经》云：天龙在北斗与织女间，形如長蛇，古曰天龙。这样天龙与牛宿、女宿的关系产生了。牛，古称牵牛；女，古称婺女或须女。牛宿和女宿的名字是从牛郎和织女二星转移而来的。我国古诗：“迢迢牵牛星，皎皎河汉女”中的牵牛指的便是河鼓三星，河鼓二即牛郎星。在《中国大百科全书·天文学卷·最亮星表》中，牛郎星排名第十二，织女星排名第五。它们分属两个星座。

春秋成书的《诗经·小雅·大东》就有描写：“维天有汉，鉴亦有光。跂彼织女，终日七襄。虽则七襄，不成报章，朓睆彼牵牛，不可以负箱，东有启明，西有长庚，有捄天毕，载施之行。”意思是说，天上有银河，看起来似水光。鼎足三颗织女星，每日七次移方向，虽然七次移方向，但是织不成纹章，那颗发光的牵牛星，不能拖着大车箱。东方在早晨有启明，晚上在西方有长庚，天毕星星有长柄，空排行列没用场。这里是讲，每当初秋晴朗的夜晚，人们仰望着深邃苍穹上璀灿的繁星，有一条白茫茫的星带像似一条白龙横贯南北，我国古代把这条星带称“天河”，在天文学里称“银河系”。在天河之西的星座中，有一颗发出青色光辉的明亮的星，这就是织女星，天河东部天鹰星座内和织女星遥遥相对的一颗明星，放射着橙黄色的光芒，它就是牵牛星，民间称牛郎星，星图上称河鼓星。织女星旁四个小星为渐台星，组成平行四边形，象似着织女的梭子，牛郎星与它旁边的两颗小星构成一副担子，像似牛郎用箩筐担着的两个子女。牛郎织女的爱情故事就是借此取材而创作的。据南朝（梁）殷芸的小说描述，牛郎的父母早逝，与哥嫂在一起生活，常受哥嫂的虐待。后来哥嫂分给他一条老牛，让他自立门户。这条老牛是金牛星变的。有一天老牛说话了，它告诉牛郎说，织女和别的仙女要到银河里去洗澡。那时天地浑沌初开，银河距离人间不远，让牛郎趁仙女们洗澡的机会，把织女的衣裳拿走就可以留下织女做妻子。牛郎听了老牛的话，悄悄到银河岸边芦苇丛中躲起来，等待仙女们来临。那一天，美丽的仙女们果然来到了银河，脱下云霞般的錦锈衣裳，在清澈的河水里嬉戏沐浴。牛郎悄悄从芦苇丛中跑出来，从一堆仙女服装中拿走了织女的衣裳。惊慌失措的仙女们纷纷上岸穿上自己的衣裳飞走了，只剩下没有衣服穿的织女，牛郎要她答应做他的妻子才能还给她衣服，织女对这位莽撞而诚实的少年产生了好感，含羞答应了牛郎的求婚，他们婚后男耕女织，相亲相爱，生活幸福美满，两人还生了一男一女。后来那头老牛年老不行了，临死前叮咛牛郎说，我死后请把皮留下来，遇到急难时就把牛皮披上，它会帮助你的。老牛死后，牛郎夫妻俩忍痛剥下牛皮，将牛埋在山坡上。

织女原是玉皇大帝女儿，王母娘娘的外孙女。她和凡人牛郎成亲的事被玉皇大帝和王母娘娘知道以后，勃然大怒，命令天神下界，把织女抓回来，天神下界恰好牛郎不在家，就把织女抓回天上，牛郎回家不见织女，也不见银河，原来银河被王母娘娘施法力搬到天上去了，牛郎和两个孩子放声痛哭，悲痛中突然想起老牛的叮咛，立即披上牛皮，用一担箩筐挑起两个孩子，一出门就身轻如云地飞起来，越飞越轻，越飞越快。他穿过团团云层，掠过灿烂群星，一霎间不知飘过了多少路程，银河已在眼前，织女也遥遥在望，孩子们招手喊妈妈，牛郎心中大喜。这时，王母娘娘心中一急，拔下头上的金簪向银河一划，清浅的银河立刻变成了万顷波涛，牛郎再也飞不过去了，从此，他们只能隔河相望，却无法在一起生活。这条河就成了天河。织女气得把梭子一甩，就成了梭子星，牛郎和织女也变成了牵牛星和织女星，牛郎挑着两个孩子，所以两边各有一颗小星。天长日久，玉皇大帝和王母娘娘也拗不过他们之间的真挚感情，准许他们每年七月七日相会一次。

牛郎织女相会

后人们传说，每逢七月七日，空中很少看见喜鹊，都到天河给牛郎织女搭桥去了。从此，牛郎织女鹊桥相会的日子，姑娘们就会来到花前月下，抬头仰望星空，寻找银河两边的牛郎星和织女星，希望能看到他们一年一度的相会，乞求上天能让自己像织女那样心灵手巧，祈祷自己能有如意称心的美满婚姻。因此，牛郎织女星被视为人间爱情之神。

关于七夕节，民间还有月老做媒牵线的神话故事。俗话说，爱情如火似太阳，爱神不是太阳，而是月亮。恋人是在月光下山盟海誓，月神是爱情的见证人。月光菩萨是一位心地善良、热心助人的女神，她总是乐意施给男女青年美满的姻缘。月下还有一位老人，是个男神，他专管为天下有情人牵线。天下男女，不论贫贱悬隔，只要勤劳善良真心相爱，月下老人用红线一系，他们就成了夫妻。从此中国人有了“千里姻缘一线牵”的说法。也有了七夕节，即中华民族的情人节。

历史上，中国的七夕节与中秋节都是祭拜月神的节日，月饼就是古人为祭拜月神而取用的供果名称。“月饼”一词始于南宋“小饼如嚼月，中有酥与饴”之意。古时中秋节被视为中国人的“团圆节”。在我国古代诗词中对月神崇敬的内容也很丰富，如《静夜思》唐代李白一诗：床前明月光，疑是地上霜，举头望明月，低头思故乡。就是其中之一。此诗执笔于秋冬交际的霜降节气，诗中说的“床”，是指居家之地，即大地。俗话说，“山河大地为床，蓝天白云为被”就说明了床是大地之意。在地理学上也有河床一说。《静夜思》一诗其意是说，月光映照在深秋晴朗的夜晚，大地就像披上了雪霜一样洁白的衣裳！此时，万物都依偎在大地母亲的床上，只有鱼儿伴随着山川的河水在歌唱，这就是我们劳动生活的故乡，它维系着亲人永恒的情怀。此诗巧妙地借用了自然景观来反映人与自然和谐相处的关系，这就是作者高超思维的创意所在。现在，需要思考的就是李白为何要在秋冬交际时作此诗？这是因为春季为万物复苏的耕种之时，而秋冬是万物化收藏的节气。我国“春华秋实”一词也源于此意。历史上，先哲屈原、韩愈、柳宗元、苏东坡、杜甫、李白、欧阳修、王安石、曾巩等都是大众尊敬的文化人。他们之所以受人尊敬，是因为他们写的文章都存有人类文化的共性，这个共性就是人与自然的和谐性，艺术作品的创意性，社会生活的真实性，以及为人讲德性等。我国“德艺双馨”的词语产生就源于这一共性理念。

牛郎织女的爱情故事虽然是民间神话，但它是山村百姓劳动生活的真实写照。道教《南五祖》之一的白玉蟾，在福建武夷山和江西武夷山传教时，赋织机诗一首：“大地山河作织机，百花如锦柳如丝，虚空白处做一匹，日月双梭天外飞。”就形象地借用了自然景观来描述江南百姓男耕女织的生活情景。

追溯历史渊源，牛郎织女星在二十八星宿分野中为牛宿、女宿。按《天文志》，《星经》每星一度辖地1406里划分：福建武夷山和江西武夷山脉相连，武夷星为牛宿位，分野在

牛、女宿之间。因而，居住在福建武夷山市和江西赣东北境内乡村百姓的劳动生活情景，为南朝(梁)殷芸的小说《牛郎织女》的故事提供了现实素材。

现在，杭州西湖白云庵有座月老殿，它是专门供奉月老的。江苏太仓有织女庙，台湾台北有情人庙，此外，我国大江南北许多地方都设有供奉牛郎织女的古庙。由此可见，牛郎织女星的历史价值重大，其文化意义深远。它是中华民族祖先聪明智慧的结晶，也为我们后代子孙留下美好的记忆。

五、中华“神话”丰富了文化艺术内涵，又促进了人类科技文明的进步

远古时代，人们站在空旷的原野，看智慧老人用手指点着夜空的星象，向孩子们讲述天文知识，为了使孩子们更喜欢听，又编出了多种神话加以解说，神话类别的多样性就形成了。我国神话历史久远，内涵博大精深，又丰富多彩，随着华夏文明的进步，神话内容也在不断的创新，经过长期的演化发展，又形成中华神秘文化体系。这里凝聚着我们历代祖先的心血和汗水。

《诗经》是我国最早的文学作品，也是我国先民用几千年时间、凝结了无数先人智慧的一部诗歌总集，其内容丰富多彩，涉及天文地理、劳动生活、发明创造、民俗风情、人间爱情、伦理道德和祭祀等，其中也不乏神话故事。《诗经》中描写了造天地的盘古王、创世女神六甲和敢卡、负责耕种的土地神、能够飞天的莫一王、管风雨的雷公、发明爱情的尞三妹等，还记载了一百多位神祇。《诗经》中还提到壮族人的发明创造，几乎每篇诗文都有“三样东西是三皇创造”，“四样东西是神安置”。“三样”是天、地、水，加上森林为四样。还诠释了年、月、旬、日、时的概念，谈到了历法，提到了几十种动物

和十几种植物，还涉及到农耕时代的发明，如水车、房屋、谷仓、桥梁、魚网、织布机、犁耙等。还有发明房屋的备放王、教人播种的燧巢王、造秤的神、制瓷坛的神、打铁钉的神、管水槽的神等，每一项发明都认为是天神的作为，都归功于神祇。

有关天神，我国道教认为，动物、植物、人类，以及一切有生命的物种都是天神的后裔，都受天神的保护和主导。因而，道教有了"万法归宗"的论述，并把自然万物分类为太阳神、月亮神、雷神、雨神、风神、山神、水神、土地神、动物神、植物神、盘古神、龙神、妈祖神等不同类别的神祇。

随着人们生产、生活中的需求多样化，又对神的职责进行具体分工，有开天辟地之神盘古、创世之神女娲、渔猎之神伏羲、农业之神神农、五谷之神后稷、航海之神妈祖、爱情之神月老、造字之神苍颉、科举之神魁星、文运之神文昌、行武之神关公、医术之神扁鹊，孙思邈、工匠之神鲁班、招财之神赵公明、酒神杜康、茶神陆羽、九流之神唐明皇、管仲等。

古人认为：土地神赐于五谷丰登，城隍神主管民俗教化，门神确保一家安康，灶神职掌灶火和饮食，厕神负责厕所卫生，水神（龙神）决定旱涝祸福，雷神专司催云助雨，四象之神关联四方吉凶等。由于有了神类别的职责分工，从而为后世各民族事务管理机构的建立起到了借鉴作用，也造就了各民族具有特色的创新艺术，并形成了中华民族传统的信仰习俗和节日庆典。

古人树立"神"的形象，是因为神为广大百姓造福做出了贡献，这是古人感恩思想的体现。

古籍《造天地 》记载了"用锡补天，用铜焊地"。古人认为，天地本来相连，"天不成天，地不成地"，后来天地分开，有了日月星辰，有了北辰和二十八宿，这就是壮族人的宇宙起源观念。壮族人经历过漫长的原始社会。《造万物》记载：起初壮族人没有使用火，只好吃滴血的生肉、生鱼、生谷子。后来，神人用“木头磨来又磨去，冒出第一颗火星”，又用粘土筑灶，从此壮族人得以熟食。那时，人们没有房屋居住，夜里走到半路就睡在半路，夜里走到森林就睡在森林。后来有个神人巢氏王教百姓建房，以“木签来打榫”，“将茅草盖在屋上面”，这样才有了住所。史前壮族人经历过一次大的洪水袭击，“大水足足淹了九十天”，洪水退去变成潭，洪水回落现出滩，混沌再造天下，盘古重造百姓。这类功绩百姓永记心中，万世崇敬。

洪水时代过后是渔猎阶段。《赎鱼魂》记载：从事渔猎怕蛟龙作祟，所以崇拜蛟龙。那时人们热衷豢养家畜，《赎猪魂》记载：“养猪致富，养鸡有蛋吃，以塘养鱼得吃鱼，以田种粮有粮吃，有钱养妻儿”。壮族先民一直很重视副业，壮族有悠久的农耕传统。《赎谷魂》记载了耕种方法：“三、四月下种”，“上面那块做秧田，下边那块做本田”，“七月谷穗长，八月割稻谷”等。壮族人特别爱惜耕牛，《赎水牛魂》记载：春季用牛太多，耕牛太累，就在农历四月八日举行“脱轭节”，请巫师念经，保护耕牛。壮族先民认为万物有灵，山石、火、土、树木、牛、羊、猪、狗、猫等，都是有灵魂之物，它们可以影响人们，决定吉凶。

历史上，神观念的多样性也促进了神话内容的不断创新。中华神话不仅仅内容多样，想象奇特，具有浪漫主义色彩，而且有许多具有实际应用价值的科学知识，在神话中都以艺术形式得以保存。以天文知识为例：宇宙是怎样起源的？世界各国人民探讨了几千年，我国神话中早有回答，《庄子·应帝王》云：“南海之帝为倏，北海之帝为忽，中央之帝为混沌。倏与忽相遇于混沌之地，浑沌待之甚善。”浑沌是一种清浊未分的自然状态，一团大气，清气升为天，浊气沉为地。如《艺文类聚》卷一引《三五历记》所云：“天地浑沌如鸡子，盘古生其中，万八千岁，天地开辟，阳清为天，阴浊为地。”这就是对天地起源的认识。我国太极八卦图中的阴阳鱼相互运行，就演化了宇宙浑沌起源的过程和规律。因而《淮南子·天文训》描写了在天地未分的混沌期孕育了两个大神，一个是阴神，一个是阳神。后来阴阳划分了天与地，阳神管天，阴神管地。这样就有了中华神州大地。《淮南子·天文训》中讲的天地，就是日月星辰、风雨、雷霆、雾露、霜雪、火水、动植物诸事物生成的原因，以及日月阴阳四季与动植物变化的关系，又谈到日月食，慧星、客星的出现与动植物和地球水文的变化之间的关系。

历史上，浑沌学说是很有意义的，它与德国哲学家康德提出的星云学说相似，是运用朴素唯物论的科学认识。追溯源流，可以说，康德的星云学理论来自我国太极浑沌学体系。

中华神话蕴含着丰富的科学知识，所以它又是科学的先声。神话和科技似乎有天壤之别，其实它们的关系是相对而言的。对于一些古代科技现象，现代人尚未认识、破解其中的奥秘，便往往视同神话，如埃及金字塔是怎样建造的？大西洋底的金字塔又是怎样建造的？我国古代的司母戊大铜鼎是怎样铸造的？勾践剑是怎样锻炼出来的，在没有显微境的情况下是怎样微雕出极小的汉字的？对于当今的科技现象，站在古人的角度观看，也会被当作神话，例如，收音机、录音机、电话机、电视机、计算机，以及飞机、导弹、宇宙飞船、卫星导航系统等，这对于古人说来都是不可思议的神话。

确实，古人是幻想过这些神话般的科技现象的，如北斗在远古时代视为北斗星君，现在我国北斗导航卫星上天已成为现实。《西游记》描写孙悟空有千里眼、顺风耳的本事，现在电视、电话也成为现实。古时，人们幻想人能够上天，于是编造了嫦娥奔月的神话，现在探月工程已经成为现实。

关于上天的认识，《淮南子·地形》云："建木在都广，众帝所自上下，日中无景，呼而无响，盖天地之中也。"建木是天梯，在天地之中攀登上天，这是将生活中的上楼，修建道路，野外登山等移植成上天。因而有了"大路通天"的说法，也有了"天山"一名和《天路》这首歌的创意思维。

远古时代，人们幻想晚上能象白天一样明亮行路，先民就烧木柴，燃油，抓萤火虫作为夜间照明，但亮度远远达不到人们期望的要求，于是编造出神龙衔夜明珠照路的神话。夜明珠相当于现代的手电筒，照明灯等。

人们幻想机器人代替活生生的人，于是编造出了偃师造人的神话。现代科技已经制造出具有各种功能的机器人。

再看看女娲和燧人的神话，女娲炼五色石以补苍天，断鳌足以立四极，杀黑尤以济冀州，积芦灰以止淫水，燧人看见飞禽啄木，就模仿着钻木取火，以促进工业文明的进步。

上古交通不发达，先民生活在一隅空间，仰天发问：天地是怎样构造的？《淮南子·天文》用神话形式回答说："昔者共工与颛顼争为帝，怒而触不周之山，天柱折，地维绝。天倾西北，故日月星辰移焉，地不满东南，故水潦尘埃归焉。"这里反映了古人对天地构造的大体认识：天地在移动，大地地势西北高、东南低，这种认识与我国地理的基本特征相吻合。

先民注意观察事物，这就是大胆创新，勇于探索的精神。正是这种精神，华夏子孙为人类贡献了印刷术、火药、指南针、造纸四大发明。还在天

四大发明

文、中医、数学等广泛领域为世界文明作出了巨大的奉献。

神是什么？在古人的观念中，“神”就是自然万物变化的缩影，也是未知事物的代名词。

神话展示了中华民族的精神，以“神龙”为例来说，我们祖先将神龙视为天神，即自然万物的象征。因而，造就了“盘古开天辟地”的神话故事，盘古将自已的身躯溶于天地之中，呼出的气变成了风和云，发出的声音变成了雷霆，左眼变成了太阳，右眼变成了月亮，四肢五体变成了四极五岳，血液变成了江河，经脉变成了山川道路，肌肤变成了田土，汗毛变成了草木，牙齿和骨头变成了矿物和岩石。

北京八达岭长城

京杭大运河

再来看看精卫和愚公的神话。精卫填海，任凭沧海浩瀚，精卫一粒一粒地衔石……愚公有九十多岁了，面对方圆七百里、高达万仞的太行、王屋二山，他带领儿孙挑担不止，这是什么精神？这是感天动地的奋斗精神！是持之以恒、坚韧不拔的精神！正是这种精神，炎黄子孙建造了万里长城，开通了京杭大运河。

神话是大胆的幻想，其思维的翅膀无所束缚，它可以在智慧的空间自由翱翔。科学需要幻想，幻想是科学之母。幻想是现实基础上的异想天开、白日做梦。当科学家沿着神话的思路进行脚踏实地的探讨，就可以得到有益的启迪，填平幻想与现实之间的鸿沟。这样，科技就能从神话中起飞了！

现在，幻想小说十分畅销，幻想小说中有不少类似神话的故事，这些故事对我们来说是不可思议的，但是，过一千年，过一万年，将有许许多多的幻想变为现实，许许多多的科技从神话中得到实现，这是毫无疑问的。神话是一面镜子，一本教科书、神话发明是人类追求文明进步的思想体现，也是中国人的宇宙发生论而引发科学世界观的思维反映。直至历史的今天，我国的神舟探月工程还打上“神”的符号，我们还在说中华“神州”大地，由此可见神文化的历史价值与影响力。

数千年以来，我们的祖先创造神话，看起来似乎很离奇，但它却是古代民族生机勃勃、富有无限生命力的象征，这就是中华文化的精华所在。现在也鼓舞着中华儿女为建设繁荣富强的国家而不懈地努力奋斗，力争为世界人民作出更多的贡献。

第六章

中华文字的起源与图象崇拜的历史渊源

一、中华文字起源于八卦阴阳符号及象数理的演变程序

远古时代，由于人们认识能力的局限性，表达方式又不一样，因而把文字蒙上了神秘的帷幕。现代科学认为，文字是应人类生产生活的需要，为总结和传播经验而产生的，最初只是简单的图画和记号，经过漫长岁月的演变，才形成我们今天所见的文字。但古人却认为，文字是圣人创造的。《易·系辞》说："上古结绳而治，后世圣人易之以书契。"《通鉴纲目》记伏羲"画八卦，造书契"。书契以代结绳之政。《尚书序》记载，"古者伏羲之王天下也，始画八卦，以代结绳之政，……使天下义理必归文字，文字必归六书，以同文而代结绳之政"。（注：伏羲始画先天八卦图，书契是指图中的太极符号"○"、阴阳符号"——"，"—"。按先天数理组合，即演化成1，☰（乾为天）2，☱（兑为泽）3，☲（离为火）4，☳（震为雷）5，☴（巽为风）6，☵（坎为水）7，☶（艮为山）8，☷（坤为地）八个经卦。经卦又相互组合成六十四别卦，其爻三百八十四。）古人最早是画卦爻作为记事符号，即代表字意的，如乾卦符号☰，为天之意，坤卦符号☷，为地之意，由于有了乾坤为天地之意，

仓颉在洛南造二十八字

所以中华民族才有“朗朗乾坤”这一成语的产生。“一划画天”的说法也源于此意。

历史上，中国的河洛文化，及围棋文化都与八卦有渊源。河图洛书就是按八卦数理排列的。围棋黑白二子也是阴阳符号即“一分为二”的数理组合，为围棋二字之意。弈棋是八卦万物类象中一种思维方法的展现。围棋的发明是我国从单一的汉字发展为文字过程的思维结果，也是文字源于八卦阴阳符号的历史佐证。由于有了围棋的发明，我国才有围墙、围地、围攻等词语的产生。随着中华文明的发展，后又有黄帝之史官仓颉造字的说法，如李斯《仓颉篇》等典故都持这种观点。这也说明了文字是应人们生产、生活的需求，为总结和传播经验而产生的，最初也只是简单的图画和记号。

在旧石器时代，人类还处在艰难的求生存岁月，对火的使用就成为人类生存的最重要环节。据考古发现，我们的祖先是迄今所知世界上最早用火的人，这是非常了不起的智慧。但是，旧石器时代是人类文明的孕育期，不可能产生文字。

新石器的“三皇”时代是中华文明的诞生期，也是太极文化的创世期。我们的始祖伏羲氏，仰则观象于天，俯则观法于地，旁观鸟兽之文，与地之宜，近取诸身，远取诸物，始画八卦。八卦是以阴阳符号组合排列而成卦象的。阴阳符号亦称记事符号。古人最早是以爻象，卦象来解释自然与人间事物的相互关系的，因而有了八卦万物类象的描述，也有了《易经》对八卦的文字解释。

八卦阴阳符号（“— —”和“—”）与《太极图》中的两个“S”线相互运动，

既演绎了天地人运行规律，又反映出数字的组合变化规律，这一变化规律在我国历法中就得以体现。如我国每年4月5日为清明节（龙节），每日的7至9时为龙时就是数字应用的佐证。《左传·昭公十七年》云："伏羲氏时，有龙呈瑞，以龙纪事，创立文字"。以上说的"龙"是指天地人物象，而创立文字就是指阴阳记事符号，所以八卦阴阳符号就是中华肇始文字的象形。

汉代大学者董仲舒说："天地之符，阴阳之副"。即人副天数。人之形体化天数而成，人为天地的精华。"为人君者，其法取象于天。"从而说明了中华文字源于乾坤天地符号，来自伏羲八卦对昊天的认识。

昊字的本义：昊是日与天的上下形象组合，古时日为太阳，太阳就是天即昊天。古人观天象最重要的是天下雨之象，雨字上一划为天，天往下落雨，雨点即水的象形符号，所以有了带三点水，或四点水的文字组合。在古代三点水则以四笔划计算，就和雨字中的四个象形符号有关联。在字意上，我国凡是带三点水偏傍的组合字一般都与雨象有关联。

远古时代，人类在生产生活中只有通过天下雨水的物象认识，才能最真切地体会到"水"的重要性。所以老子曰："上善若水"、"水善利万物而不争，故几乎于道"。"道"即天道与人道。庄子说："鱼相造乎水，人相造乎道。"《荀子》记载：孔子云，"水洸洸乎不淈尽似道。"郭店楚墓竹简上有一篇"太一生水"，谓"太一生水，水反辅太一，是以成天象"。《灵枢经》佚文云："太一者，水尊号。先天地之母，后万物之源。"《管子·水地》篇指出："水为地之气血，筋脉之通也。"由于历代先哲对水的重要性认识，因而有了"八卦应河图洛书"的发明，也有了龙负河图而伏羲始画八卦的描述。在造字方面，古人造"龖"字时用两个繁体的龙字并列组成，意为"天地双龙"之象，所以龙在乾坤卦中出现，也有了"来龙去脉、飞龙在天，龙入大海"的描述。

历史上，中华汉（漢）字是三点水的雨象组合，也是水为万物之源的物象表现，所以统称为汉字。汉字的文化现象取决于汉字的形体结构。表形、表意为主导的汉字，其结构形式无论是独体字或复合字，都有一个基本特点：由点、画等基本构件，按照某种顺序和方式组合而成。点画、部件之间可以分开、离合，从一个字的整体中分离出来的一部分也可以成为另外的字。如“太”字去掉一点便是“大”字、太字古语称太一、太极、太岁、太阳为天象。大字意为天最大，所以有了“飞龙在天，大人造也”的描述。“森”字分离出一个“木”便是“林”字，再分离出一个“木”，还有一个独体的“木”字。这就是五行中描述水生木的自然物象。古时的八卦五行等测字术就与这一文化内涵有关联。

西汉时，今文经学家常以汉字的离合来解释字义，古文经学家则建立了一个文字学体系，这就是“六书”——象形、指事、会意、形声、转注、假借六类汉字造字法则。其中，象形、会意、形声是创造汉字的主要方法。

如人字与八字，就是根据人站立时双脚象似八字而发明的，所以有了八字脚行走的形象比喻。

口字是根据人嘴上有四方角度的形状而发明的。所以我国凡是与嘴吃东西有关的字，一般都是带口字偏傍的，如品味的品字，吃东西的吃字等。

如骑字，意为马被人骑，或人将马作为原始的一种运载工具等，这都体现了马为辛苦之象。骏马跑边疆就是此意。骏，是因有马而成象的，故为骏马。俗话说，做牛做马就是指辛苦之象。当今，我们说辛苦与幸福，那么什么是幸福？古人认为，依靠自己的辛勤劳动，人生平安就是福。所以，我国“龙马精神”、“马上飞跃”、“马道成功”、“马上发财”等成语的产生，都离不开自己的努力而获得成果的辛苦之象。

如船字，左为舟，其意，舟是人类最早发明的一种水上运载工具，而船是由舟演化出来的，所以船字先用舟组合成象。

如智字，上是知识的知字，下是日字（日为太阳）。其意是说，人的知识，智慧是从观天地万物之象而来的。所以古人说，上知天文，下知地理为拥有最高学问的人。这话是有道理的。

还有从字，画两个人象相随而行，离开一人还有一人独行。双人的广义性可以象征天下男女的家庭组合，也象征自然万物的阴阳组合，这就是八卦万物类象的思维方法。这也是“六书”——象形、指事、会意、形声、转注、假借之意。我国现在“甲骨文图文资料库”收录的甲骨文图片就是佐证。下面例举部分图片：

T									
它	它	贪	唐	唐	唐	天	天	天	田
田	畋	聑	亭	同	童	童	涂	梌	土
土	土	土	兔	吨	屯	豚	豚	乇	乇
祟	祟	祟	祟	祟	鼍	鼍	妥	妥	

现在，我们为什么要说文字，而不说单一的字，是因为凡是由乾坤符号演化出来的字都是有文化内涵的，所以称为文字。俗话说，“一字值千金”就源于对文化价值的认同。文字学的“六书”理论虽然不是十分完善，但是已达到当时学术水平的最高境界。

汉代是汉字形体逐渐成熟的年代，为了使文字有个统一定位而称谓汉字。汉字不是汉族人发明和使用的文字。它是中华大地五十六个民族通用的文字。我们现在要求全国以汉字为基本用字，提倡说普通话就源于此意。历史上，我国汉字的创造和使用凝聚了中华历代祖先的智慧和汗水。

中华文字是从八卦阴阳符号逐渐演化而成的。不过这有一个漫长的演化过程，它先由太极阴阳符号逐渐演化成简单的生产、生活记事符号，又演化为围棋及河洛符号。又演化成甲骨文、金文、“道符文”、汉文及康熙字典中的繁体文。

我国道家所说的“画符”，其实质就是一种笔画屈曲，似篆文、籀文及星雷之文的图形。道家之所以称符为字，是源于八卦阴阳符号是上古时代的记事文字。而咒的原义是对符内涵的解释，所以称符咒语。符咒语是远古先民进行文化交流的一种原始语法，这一语法最早是由巫师使用，因而有了巫术现象的出现。我国江西龙虎山是道符文化的发源地，也是中华文字演化过程中的一个缩影地。

历史上，字是语言文化的载体，所以称语言文字。在中华姓氏文化中，我们每个人都有名字，名是自己的称谓，《说文》云：“名，自命也，从口从夕。”字是名的引申，《说文》云：“字，乳也。”乳是生命繁衍的意思。从中说明了先有天地万物之象的展现，后才有人类创造文字的智慧。我国百家姓的文化延伸就与乳是生命繁衍的内涵有关联。

在中华文化中，数字也是符号的变化组合，即先有数，后有字。中国人常说，做到心中有数就源于这一道理。现在，我国用60分作为考试的及格分，以及60岁为退休年龄等，就与六十甲子的时空规律有关联。数字也可以称文字，也是沟通人与自然，以及人与人关系的语言工具。所以观察文字如何被创造，也就成为了解中华文明演化之真象。因此对中华文字的简化，就必须要对字形结构以及对字的文化内涵要有深层次的认识，还要考虑人们的用字习俗，否则不能随意简化。

我们现在说，中华上下五千年文明没有间断，就源于伏羲皇帝创立的“一阴一阳”的“天人合一”宇宙观。这一宇宙观的建立，也造就了中国古代天文学，即天上星宿位置及运行情况时，都要与人间事务联系起来的文化特点。这一文化特点的产生就成为中华上下五千年的文化没有间断的原因所在。在人类天文学史上，只有中国的天文学造就了天地人和谐文化，并形成了自己独特的文化体系。这就是中华文化区别于世界其它民族文化的特点。八卦阴阳符号作为上古时代的文字，历经了象、数、理、占、元、亨、利、贞的长期认识过程，历经了数千年的演化和发展，这里承载了中华文化基因的延续使命。

当今，国外有学者认为，中国夏商周是“断代工程”。这一断代之意，其实是指中华民族没有五千年文明史，而我们说中华上下五千年的文明史，就是以伏羲皇帝创立太极文化的时间开始计算的。孔子说《易》，推造字于伏羲，也是从文字源于八卦阴阳符号这一结论上说的，是有道理的。伏羲之所以成为中华民族的首席始祖，与它发明中华文字的功劳是分不开的。伏羲皇帝创立中华文字的伟大功绩，永远铭刻在华夏子孙心中，受世人敬仰。增加附图说明，由八卦符号演变为文字过程的主要程序：

一、伏羲先天八卦图

伏羲先天八卦图　　伏羲八卦演变为六十四卦图

伏羲八卦演变数理图

二、演变为“文王后天八卦”数理方位图

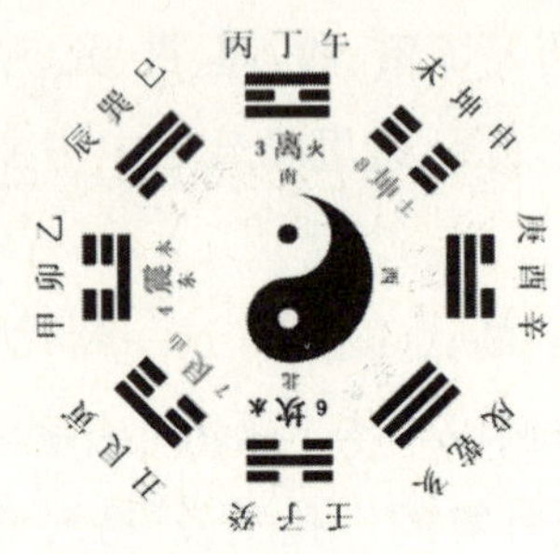

三、演变为围棋符号

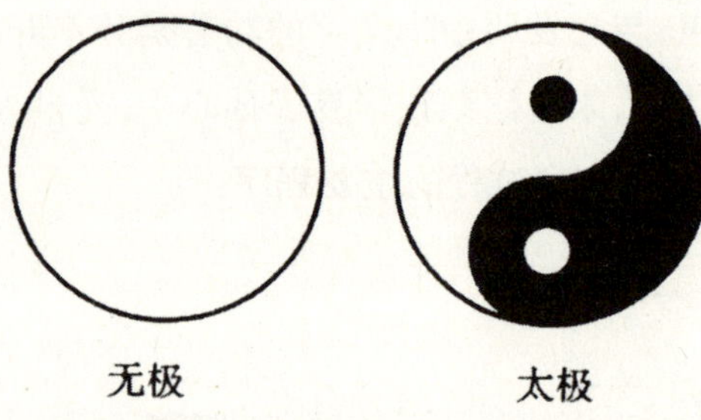

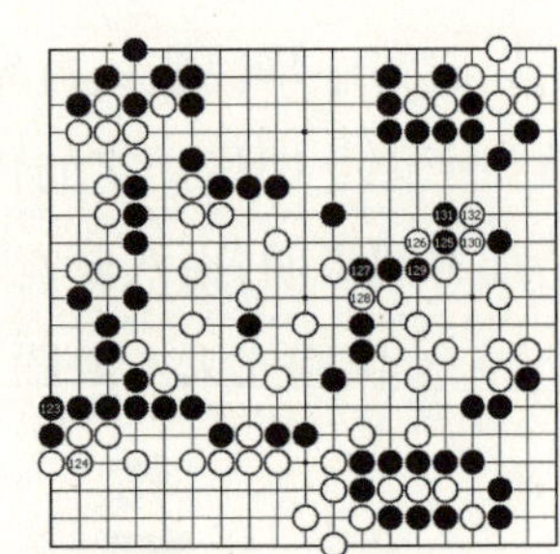

注,围棋黑白二子为圆形符号,亦称数字符号,也可表示句号等。圆形符号又可演化成正方形,长方形等其他图形。俗话说,圆中有方,方中有圆,即“天方地圆”就源于此意。当今,我们说“围棋天地”,也与这一历史文化有渊源。

四、演变为河洛符号

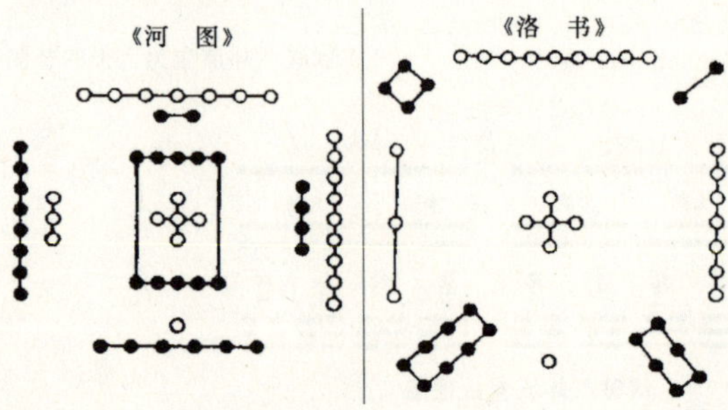

五、演变为甲骨文

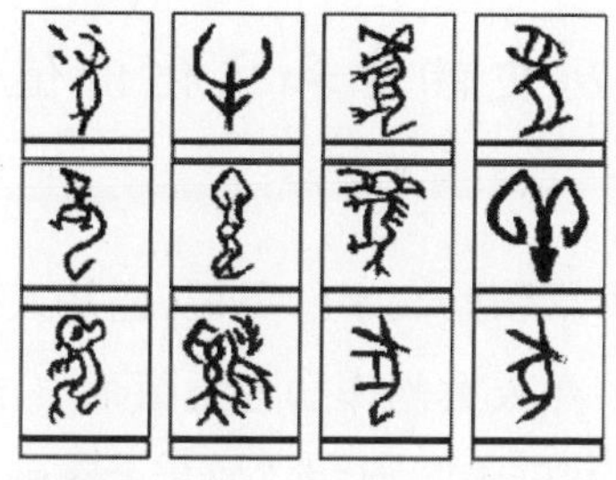

甲骨文十二生肖

六、演变为金文

七、金文演变为道符文

八、演变为汉文

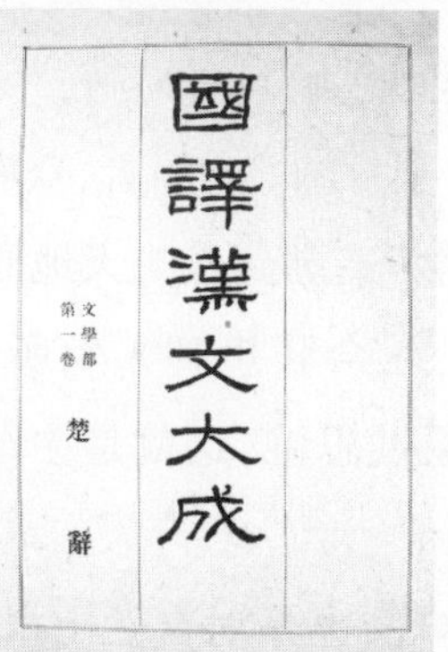

九、演变为繁体文

二、中华龙图与山水画的历史渊源和文化价值

历史上，图亦称画即图画。图画是中华肇始文字的象征，也是人类语言交流的载体，所以有了图画文字学一说。在人类创作的各类图画中，最具有代表性的就是“山水画”。山水画，可简称“山水”，为“龙”的艺术图画。山水画以山川水流的自然景色为素材，以“山水喻龙”的艺术形象来表现，从而描绘出了人与自然和谐关系的图画即山水画。山水画具有自然万物的动态性特征，以及文化上的广义性内涵。当今，我们说中华文化是文治与教化的一个动态系统，就和天地山水的动态性特征有关联。

我国山水画的创作思维来自于八卦对天文星象的认识，星象即星星组合的图象，亦称天象。天象主要反映“龙卷风雨”之象，而地象则反映了自然山水、鸟兽、鱼类、蛇类等动植物之象。由于中华图画源于对天象的认识，所以就有了“一划画天”的说法。自然山水就是自然之天的物象展现，而龙图中“龙洒雨水”的壮观景象就是天象变化的综合性反映，所以龙图就成为自然山水的缩影图，即自然万物的象征。因此“一划画天”的说法，也就成为东方绘画艺术的绝妙之处。

我国清初著名画家石涛论画时认为，绘画之始起于一画，“太古无法，太朴不散，太朴一散而法立矣。法于何立？立于一画。一画者，众有之本，万象之根。混沌开辟，始于一画。”这就将绘画艺术追溯到人与天地同源了。所以我们看到风云变化、日月变迁、万象更新，就会联想到人生所走过的道路，从而体现了中华民族讲天理，天德的取象性思维，这就是中国人说“一划画天”的道理。

山水画的发明是人类崇拜自然的思想体现，也是对自然山水的审美感

知。我国“山不在高，有仙则名；水不在深，有龙则灵。”这一《陋室铭》就道尽了龙与自然山水一脉相承的关系。自从晋代顾恺之创作《庐山图》后，山水画就成为中华“龙”的独特表现形式。山的连绵起伏，水的奔腾不息，处处苍松挺拔、鸟语花香、动物成群的物象，就构成了“山水喻龙”的形态特征，龙洒雨水的壮观景象也就成为先哲画龙的核心理念。龙图中九类动物的组合形象，就是九天之数在绘画艺术中的应用体现。

中国山水画是殷商艺术家在多种动物形象（原龙纹）的基础上再创造的产物。我国的绘画艺术大约在东汉时期才从应用美术中独立出来。我们迄今所知最早的画龙专家是三国东吴的曹不兴，曹不兴之后，又有东晋大画家顾恺之善于画龙。恺之字长康，晋陵无锡人，“多才多艺，尤工丹青，传写形势，莫不绝妙”。南北朝的张僧繇是中国历史上最富传奇色彩的画龙专家。唐代的画龙名家有李思训、冯绍正、吴道子、孙位等。宋代画龙高手最值得一提的是董羽、僧传古、陈容三人，董羽对画龙艺术最突出的贡献，是他总结了前人及自己的创作经验，提出了一整套完整的画龙理论——《画龙辑议》。明、清两代是中国龙画全面发展的时期，从传世的有龙形象的作品看，其表现手法与绘画技巧都更显成熟。历史上，中华龙图的演化发展传承了天地定位的思想理念，所以天地万物都有龙物象的描绘，这就是龙图艺术在中华大地上得以广泛应用的原因所在。

在中华文化中，诗画书法是不能分开的，即画中有诗，诗中有画。如中国有一对句，“福如东海水长流，寿比南山不老松。”描述了长江之龙入东海的壮观景象：南山意为“五岳”，五岳以泰山为龙首，在星宿文化中，南山指南斗星，即福、禄、寿三星。这是中国人以自然山水来表达对人生的美好祝福，从而体现了人与自然和谐的生活理念。

当今，我国上海市之所以能成为东方的经济龙头，就与“长江之龙”入东海的地理方位有关联。这也是古人说“山主贵，水主财”的道理。“飞龙在

顾恺之，庐山图

天，龙入大海”的描述，也就成为中华民族经济发展力的象征。这一象征就体现在人与自然山水的和谐关系上。俗话说，“山青水秀出秀才，穷山恶水出刁民”就源于这一道理。所以保护自然山水，也就成为人类世界共同的职责和义务。这就是中华龙图与山水画的历史文化价值。这也是千古以来华夏子孙喜爱龙与山水画的原因所在。

顾恺之，汉族，晋陵无锡（今江苏焦溪）人。精画山水、人像、佛像、禽兽，画龙等。顾恺之与曹不兴、陆探微、张僧繇合称“六朝四大名家”。

张僧繇，吴（苏州）人。南朝梁时著名的大画家，擅画佛像、龙，鸟类等多作卷轴画和壁画。成语“画龙点睛”的故事即出自于他对龙文化真实内涵的理解，以及绘画技法的高超之处。当时梁武帝信奉佛教，修建的很多寺庙，都让他去作画。

张僧繇，“画龙点睛”

三、龙凤为中华民族的图腾标志在情理之中

世界上各原始民族和部落都有图腾。“图腾”一词,源于印第安语totem的音译,最早始于北美印第安人奥季布瓦族的方言ototeman,是“它的亲属”或“标志”的意思。“图腾”信仰是古代大自然信仰及动植物信仰发展起来的一种原始氏族标志的信仰形式,与氏族对氏族祖先的信仰有关系。这一信仰关系,往往以神话形式来讲述本氏族祖先是某种动物或与该动物近缘,甚至出现了大量异物感生的祖先诞生故事。原始人认为本氏族人都源于某一个特定的物种,大多数情况下被认为是某种动物,或鸟类、鱼类的亲缘关系,一部分是植物或自然物象,与人们生产、生活有关联。因而,禁止伤害,加以保护和崇拜。在崇拜中,同一个氏族,可以有几个图腾,几个氏族可共有同一种图腾。图腾崇拜:氏族信仰之标志。

历史上,我国先哲称图腾为图画或图象。图象,即八卦图中的自然物象。《周易本义》释《易》云:先卦象、爻象,次明理,主张“辞本于象,象本于画,有画斯有象,有象斯有辞,易之理尽在于画”,“舍画而玩辞,舍象而穷理,辞虽明,理虽通,非易也”。常以两卦互用,释象说理,从而描绘出人与自然和谐相处的道理。在人类信仰上,图腾与图画都具有文化上的共识性。为了便于交流,我们还是以图腾一说来表述。

在世界文明史上,一个民族或国家选择某种图腾作为信仰标志,还把它认同为自己的祖先而形成集体崇拜,以使成为一种精神凝聚力的象征,这是与一个民族或国家的历史文化分不开的。如罗马的古徽是母狼,后改为独首鹰,东罗马帝国成立后,又改为双首鹰。东欧许多国家都以鹰为标志,这是继承了罗马帝国的文化传统。前南斯拉夫为双首鹰,表示为东罗马

帝国的继承人。美国、德国、意大利的图腾为独首鹰。俄国(原始图腾为熊),现俄罗斯为双头鹰。还有古印度的神牛、神猴和大象。古埃及的甲虫和鹰蛇、波斯的徽标为猫、比利时、西班牙、瑞士以狮为徽志等。为什么这个国家选择这种动物,而不选择那种动物作为图腾标志,完全是与这个民族或国家的历史文化分不开的。

中华民族选择龙凤为图腾标志,就离不开上下五千年的历史文化。上古时代,华夏文明起源于龙凤氏族社会的融合。龙凤信仰的历史可以追溯到伏羲,炎帝,黄帝时代。《左传·昭公十七》记载郯子谈上古的氏族标记:"昔者黄帝氏以云纪,故为云师而云名。炎帝氏以火纪,故为火师而火名。共工氏以水纪,故为水师而水名。大皞氏以龙纪,故为龙师而龙名。我高祖少皞挚之立也,凤鸟适至,故纪于鸟,为鸟师而鸟名。"这就是说,黄帝族以云为图腾、炎帝族以火为图腾、共工族以水为图腾、大皞族以龙为图腾,少皞族以凤鸟为图腾(注:历史上,凤鸟称"天命玄鸟",或"九头鸟",九头鸟为神鸟,神鸟即凤凰,凤凰亦称风神。)以上从古人对图腾的理解可以看出,图腾崇拜源于伏羲八卦对大自然的认识。在太极文化中,龙凤为阴阳互体,即自然万物的象征。因而在天地人关系中产生了广义性的文化内涵。俗话说:龙在上,凤在下,即龙中有凤,凤中有龙,就源于阴阳演化规律。

关于"凤凰传奇"的历史,我们先要从古代的"风"字说起:在殷契的古文里"风"和"凤"是通用字。"风夷"也可称为"凤夷",即"凤凰之夷"。在星宿文化中,龙凤与雨师、风伯有渊源。晋人张华《禽经》云:"凤翔则风。风,禽也,鸢类,越人谓之风伯,飞翔则天下为风。"风伯是先民对风神的习惯称呼,风神又称风师箕伯。我国地域广大,古代各民族对风神的信仰也有所不同,有些地方是把风神与神鸟联系在一起的。古人看到,鸟翅搏打如扇,可以生风,还能利用风力飞翔,于是把风神幻想成某种神秘的鸟类。《说文》云,"凤,神鸟也。"古人想象中的凤鸟是殷契时的"风"字与"凤"字通用,凤字的象形文字，完全是一幅"鸟"的素描画。因而，殷墟出土的甲骨文记载了"鸟"与"大火"等星名（凤为鸟，大火为龙）。在殷契的古文里为什么凤与风字通用，这与凤主吉祥，与风有使万物变化、草木欣欣、花粉受精、生命繁衍有关联。在古人的观念中，风神象似神鸟，神鸟即凤凰。凤凰崇拜起始于殷商，殷族以鸟为图腾。《诗·商颂》云："天命玄鸟，降而生商"就源于殷商始祖图腾的记载。

我国《山海经》中把北方的风神称为鵗，也是鸟类。风源除来自神鸟的翅膀，有些民族还认为风起源于山谷和洞穴。《山海经·南次三经》说，令丘山之北有个大山谷叫"中谷"，条风从那里刮出来，条风就是东北风。还说旄山尾之南有个大山谷叫"育遗谷"，凯风从那里刮出，凯风是西南风。这两个山谷成了风源。

风是一种客观的自然现象，但它与雨雪冰雹不同，形体是看不见、摸不着的。于是古人凭借种种想象，把风神的实体归之于其它有形的物体，如前面谈到的风鸟、山谷等。

先人还观察到风吹云动，星辰、月亮会时隐时现，于是又将风神与某个星体联系起来。《书经》中就有"星是好风"的说法。孔颖达认为此星是"箕星"，箕星为苍龙七宿之一。因而"龙凤"都在二十八宿，东方苍龙，南方朱雀中（朱雀亦称凤凰）。在二十八星宿分野中：龙凤代表中华大地。

我们的祖先就生活在东方这片神奇辽阔的土地上，与日月星辰，四季风雨岁月相伴。在风雨岁月中，龙主雨水，凤凰主风。俗话说："龙卷风雨"之象，就是指龙凤象征四季风雨变化之物象。因而《史记，三皇纪》云："太皞包牺氏，风姓，代燧人氏以继天下，即天下为王。"《帝王世纪》记载，"昊帝庖牺氏，风姓也。"《三皇纪》说："女娲伏羲之妹，风妹，人首蛇身。"这样，伏羲女娲不仅代表龙族，同时也可以代表凤族。

由于《三皇五帝》都与龙凤有渊源，因而中华民族有了崇拜龙凤的民间习俗和节日庆典。龙凤的节日庆典来自于历法,所以凤和龙一样与历法也有渊源。《左传·昭公十七年》云:“凤鸟氏,历正也。”就说明了凤凰与历法的关系。(注:凤凰与历法的关系主要体现在物候上,二十四节气与七十二物候是不能分开的。在节气的阴阳演化中,春夏为阳,秋冬为阴,在人间男为阳,女为阴。因而,龙凤为阴阳互体,即自然万物的象征。)

《续博物志》云,“俗以五月为分龙雨”。《埤雅释天》说,“五月分龙后,其龙各有分野,雨暘往往隔一辙而异,谓之隔辙雨。”这是盛夏间对流雨的俗称。日期依地理位置而不同,大抵江浙一带以农历五月二十日为分龙日,福建俗以夏至后为分龙。广东以夏至后第一个辰日为分龙。我国每年农历的二月初二为青龙节,又叫龙抬头。龙抬头是我国农耕时期的一个传统节日,名曰“龙头节”。俗话说,二月二,龙抬头,家家户户使耕牛。龙头节也称中和节,即天地人和谐之意。也是龙凤象征风雨变化,以使万物生机,吉祥如意。因此,中华民族视龙凤为和谐、吉祥的象征。

我国每年的青龙节还是民间纪念龙的始祖伏羲的圣诞,这一圣诞节日反映了百姓对自然天地,以及人间父母的感恩之情。同时,也是人们盼望农业丰收,追求幸福生活的思想体现。因而引发了广大民间各种文化艺术的开展,如绘龙图、划龙舟、舞龙灯、制作各种吉祥物品以及作诗、说唱、写对联等纪念活动。当今,我国各族人民在重大节日庆典中的舞龙狮表演,以及用雄狮像制作镇邪物品摆设等,则是中华文化对外交流活动。因而受到海内外炎黄子孙以及世界各国人民的喜爱。

在中华大地上,凡是有龙的文化体育活动,就有凤艺术的开展。在传统艺术中,凤是鸟类之王,雄的称“凤”,雌的叫“凰”,即凤凰,凤凰以五彩色分类。《山海经·南山经》云:“有鸟焉,其状如鸡,五采而文,名曰凤凰。”它长的模样为:鸡头、蛇颈、燕颔、龟背、魚尾、五彩色,高六尺许。《艺文类聚》卷90引《庄子·佚文》云:“南方有鸟,其名为凤,所居积石千里。”以上,描述了凤凰和龙一样为多种动物的组合体，并与五行、五色，以及地理方位相对应。因而，我国许多地名都与凤凰有关联，如贵州遵义县、四川万县、浙江杭州市、江西赣东北地区、福建武夷山市，以及甘肃、湖南、湖北、广东、香港、澳门、台湾等，都有形若飞凤的大山。

九头鸟

在甘肃成县东有一座凤凰山，《水经注·漾水》记载："南迳凤溪中，有二石双高，其形若阙。湖南省湘西自治州西南边，有一座凤凰古城，位于沱江之畔，群山环抱之中，它是以苗族、土家族为主的少数民族聚集县。还有湖北民间有"天上九头鸟，地上湖北佬"的谚语。这一谚语说的"九头鸟"就是指"天命玄鸟"，玄鸟为神鸟，神鸟即凤凰。

这就说明了凤凰文化起始于南方，而湖北、江西、湖南、广东、福建等地则是凤凰文化的主要发源地之一。历史上，先哲把凤凰作为艳丽聪慧之精灵的象征。

在中华大地上，凤凰文化影响广泛，就连香港凤凰电视台的名称也以凤凰命名，即声音传播到世界，这也是中华文化对外交流的体现。历史上，我国汉世就有凤凰止焉，故谓之凤凰台。

在南京市有座凤凰台，传闻晋代时有鸟集于此，文彩如孔雀。唐代李白有诗云："凤凰台上凤凰游，凤去台空江自流。"由于凤鸟能歌善舞，所以与艺术声乐联系起来。古时以笙箫为凤笙、凤管，以细乐为凤吹，以乐律喻凤鸣。因而有了《凤将雏》《凤笙曲》等曲名。《吕氏春秋·古乐》记载："听凤凰之鸣，以别十二律。"其雄鸣为六，雌鸣亦六。《吕氏春秋·音律》云："大圣至理之世，天地之气，合而生风……以生十二律"。《淮南子·天文训》说："律之初生，写风之音，音生于律，律生于风，此声之宗也"。因而，由凤凰文化产生的音律说法,就成为我国古代天文、地理、气象、历法、中医、数学、政治、军事、艺术等文化的母体,同时涵盖到传统文化的各个领域,所以音律成为中华文化的基石。《史记·律书》云:“王者制事立法,物度轨则,一禀于六律。六律为万事根本焉”。《元史·礼乐志》云:“爰从龙邸之潜,久敬凤仪之奏。《论语第四章·子罕》:“子曰:凤鸟不至,河不出图,吾已矣乎。”从而说明了凤和龙一样都与河图洛书、民俗风情、国事制度、帝王礼仪有渊源。

古时,帝王所乘之车为凤凰车:帝王即位前的住居为凤邸,帝王用的纸张为凤纸。汉代规定皇太后,皇后入庙行礼,其冠饰有凤凰。皇后以凤凰为代称,皇帝以龙为代称。凤凰为阴,龙为阳。龙与凤为天下之至尊。俗语云:“龙图革命,凤历归昌。”就源于“朗朗乾坤,厚德载物”这一道理。历史上,楚人以凤凰的出现为德瑞。

《论语·微子》云:“楚狂按舆歌而过,孔子曰:凤兮凤兮,何德之衰? ”因此,我国先民认为,凡是政治清明,就会有凤凰来仪。凡是凤凰来仪,就说明天下太平。这是借“凤鸟乘风,歌舞升平”,“凤凰朝兮,风雨顺兮”之意。从而也证明了中华民族是一个向往世界和平的伟大民族,同时也是中国人民善良之心的道德观体现。这就是中华龙凤文化的内涵所在。

纵观人类文化史,图腾的制作主要是以某种实有动物为对象,再经过艺术造型处理而成为作品。而唯有中华龙凤图腾是动物世界中未发现的动

龙凤和谐吉祥图

物,但又是自然万物的组合体。这就使龙凤图腾成为区别于世界上其它民族图腾之特点。这一文化特点的产生,当然与中国古人的“天人合一”思想,以及“一划画天”的艺术理念是分不开的。

追溯历史源流,太极八卦图才是中华民族实质意义上的广义性图腾,而龙凤则是演绎太极文化的总代表。龙凤伴随“伏羲皇帝”见证了中华民族上下五千年的文明史,同时承载了中华文化基因的延续使命。因而,龙凤作为中华民族的图腾标志也在情理之中。

四、中华民族崇拜文化中的人类道德观念

崇拜是一种观念形态,属于文化范畴。崇拜也是一种信仰,它反映人们的精神状况和认识水平。在中华文化中,崇,本义是高山,引申为神秘高大之物。《说文》云:“崇,嵬高也。从山,宗声。”《诗·周颂·良耜》云:“其崇如墉,其比如栉。”拜,倾倒般的敬仰。敬仰神奇之物和杰出之人,这是意识活动,普遍存在于每个民族的文化生活中。

历史上,中华民族是一个农耕文明的国度,崇拜对象极其广泛,从天上的日月星辰、雷电风雨云雾,到地上的山川河流、土石、草木、鱼类、动物,乃至飞禽走兽等,无不加以神化和崇拜。中华崇拜文化源于始祖伏羲,仰则观象于天,俯则观法于地,旁观鸟兽之文,与地之宜,近取诸身,远取诸物,始画八卦。

通过八卦对天地的认识,古人首先有了敬仰天地之心。

《礼记·郊特祀》云:“神地之道也,地载万物,天垂象,取材于地,取法于天,是以尊天而亲地也。”

《太平御览》引《礼记外传》说:“国以民为本,民以食为天。”天下雨水滋

润大地生长草木五谷，又生养万物以哺育人类，其功劳最大。所以古人将天地视为人间父母。在天地人关系上，先哲认为：天地之间有正气，天靠正气成至尊，地靠正气得以立。

《黄帝内经》云："正气存内，邪不可干。"所以用正气来衡量做人的德行，从而提倡讲天德，天理的取象性思维。俗话说，为人要"正气浩然，光明正大"就源于以天为标准的这一道德理念。

远古时代，古人说天，意为太阳。太阳给人类带来光明，给万物带来生机，没有太阳就没有生命。先哲很早就注意并推测太阳的运行规律。

《山海经·大荒东经》云："大荒之中有汤谷，上有扶木。一日方至，一日方出，皆载于乌。"其实，我国殷墟出土的甲骨文记载"鸟"与"大火"等星名，就与太阳有关联。

《淮南子·天文训》云："（日）行九州七舍，有五亿万七千三百九里。"其意是说大阳居住在汤谷，起落有常，运行线路广阔。所以古人崇拜太阳时认为，大荒之中有汤谷。这里说的汤谷是指太阳在天空，即映照大地之意。

历史上，古人把大阳视为天神，像驾马车巡视。

《楚辞·九歌·东君》云："暾将出兮东方，照吾槛兮扶桑。抚余马兮安驱？"

《淮南子·天文训》注："日乘车，驾以六龙，羲和御之。"

以上描述，与《坤卦》中"龙战于野"，《彖辞》乾卦中"乘六龙以御天"的内涵有共性。由此可见，先哲说大火龙，为苍天之龙，即意为太阳为天象。我国飞龙在天、龙入大海、天马行空、龙马精神等成语的产生，其实都与古人视日月为天地的这一认识有关联。

历史上，我国夏商周三代都有祭天的礼仪。《礼记·祭义》云："郊之祭，大报天而主日，配以月。"每年以立春、春分、立夏、夏至、立秋、秋分、立冬、冬至，祭日最隆重。天子亲率三公、九卿、诸侯、大夫到郊外迎日。

《仪礼·觐礼》云:“天子乘龙载大旗出,象日月升,龙降龙出,拜日于东门之外,反祀方明,礼日于南门外。”祭日习俗沿袭了数千年。这里说的龙为日月的象征,即“飞龙在天”之意。也就是说,崇拜龙就等同于崇拜日月即天地一样的意思。

历史上,我国京城的天坛、地坛、日坛、月坛的雄伟建筑就是皇帝为祭日月天地之恩而建造的,因此在设计上应用了“九天之数,绘上九龙图”,所以有“天坛走一走,处处都是九”的描述,从中体现天子对苍天的敬畏之心。

古人祭天也与崇拜天星有关。星星在天空中时隐时现,时大时小,时静时动,给人以神秘的感觉,因而引发出星宿文化。《搜神记》云:黄帝有熊氏,少典之子。母曰附宝,其先即炎帝母家有蟜氏之女,世与少典交婚。及神农之末,少典氏又娶附宝,见大霓光绕北斗枢星,照郊外,附宝孕二十五月,生黄帝于寿丘。因而有了星宿可以感生圣贤,黄帝就是北斗感生的描述,也有了“天上一颗星,地上一个人”的说法。

古人祭天也崇拜风。风本是自然界流动的空气,我国先哲对风有各种各样的认识:

《庄子·逍遥游》云:“夫大块噫气,其名为风。”

《淮南子·天文训》说:“天之偏气,怒者为风。”

《说苑》云:“天地之气合以生风。”风有助于万物变化,可使草木欣欣,花粉传播。

《艺文类聚》一引陆冲《风赋》赞云:“详乾坤之至德,莫风气之独尊,配无行于大象,化万物于氤氲,释凝于黄壤,降霈泽于苍元。”风崇拜,意为万物造化之氤氲。

先哲还认为,风与大山有关系。大山含泽布气,离天最近,是神灵的住所,苍天的意志是通过大山传导给人间的。人们的生活资源主要来自大山,大山赐予人类无穷的宝藏。先民带着这种认识,十分崇拜大山,所以谓之山神。

《山海经》中记载了几百个山神，说山神的气息就是风，它吹气时，天下就是冬天，它呼气时，天下就是夏天。这说明了先民已经认识到气象与山川的关系，所以有了“天山山脉”的名称，也有了中医“九宫八风”应人体的描述。

大山崇拜最突出的表现之一，是先民认为“昆仑五岳尽显灵”。所以《山海经·海内西经》云：“海内昆仑之虚，在西北，帝之下都。”五岳以泰山为尊，泰山屹立在文化发达的齐鲁平原上，滨临大海，显得特别高峻。先民以它为五岳之长，镇守天地为龙首。山川是风雨的发源地。积土成山，风雨兴焉，为了使五谷丰登，先人向大山求雨，求大山赐以德泽。

大山是各类动物的集栖地，崇拜动物也是原始信仰的重要内容之一。先民之所以崇拜动物，首先是发现动物的活动与灾异有关，而灾异对人们的威胁很大：

其一，动物可以预示大风，《山海经·北山经》云：“有兽焉，其状如犬而人面，善投，见人则笑……见则天下大风。”

其二，动物预示大旱，《山海经·南山经》云：“有鸟焉，其状如枭，人面四目而有耳，其名曰颙，其名自号也，见则天下大旱。”

其三，动物预示大水，《山海经·中山经》云：“化蛇，其状如人面而豺身，鸟翼而蛇行，其音如叱呼，见则其邑大水。”

历史上，古人崇拜动物还与感恩植物有关。古人之所以感恩动植物，是因为人类生存依赖动植物达到必不可分的程度，认为是动植物对人类生命延续做出了重大贡献。因此，古人把动植物看作是有神灵的物种。因而常常把得到果实或猎物，看作是对动植物的损失和伤害，并认为应当在感恩的同时，要用一定的表现形式以表示致歉。所以，古人杀了一个动物要祈禳，砍倒一棵树木要供奉。

以前我国东北山区以狩猎为主的民族，就有敬奉虎神、熊神、鹿神、貂神等多种仪式，各地不同的民间敬奉仪式也流传至今。在蒙古、黑龙江一带的鄂伦春、鄂温克等族，崇拜熊，经常举行以熊为对象的祭祀，向熊叩头、献烟和祷告。在云南、贵州一带的苗、瑶等族，崇拜盘瓠，传闻盘瓠就是犬，它是犬戎国的先祖。黄帝时代有熊、狼、豹、雕、鹰等为崇拜对象。此外，还有崇拜牛、马、羊、猪、鸡等。

我国的生肖文化就集中体现了人与动物和谐相处的思想理念。我们从《山海经》中大量的半人半兽的神灵形象就可以看到，如众所周知的盘古、伏羲、神农、女娲等，如人面蛇身或龙身，以及和动物的组合形象，都与动物信仰有关联。我们从考古资料中看到，两万年前古岩洞中的动物画和塑像已经有了明显的信仰标志。

古埃及、希腊、罗马、印度的神话也往往突出了动物信仰。如埃及神话中造人的大神赫奴姆，就是豺头人身。希腊神话中的山林畜牧神，帕恩和沙蒂尔是人身首山羊脚……都是信仰观念在图画艺术中的体现。由此可见，人类创造信仰文化，也包括各民族的宗教信仰活动等，其目的也是为了人与自然的和谐。

自古以来，中华民族就崇拜自然天地，并形成了自己的信仰文化体系。这一体系的核心就建立在人与自然，以及人与人和谐相处的道德基础上。中华民族之所以形成“天人合一”思想，就源于先哲对大自然的客观认识。中国人说“天地君亲父”，即一拜天地，二拜父母等，就是信仰观念在道德文化中的具体表现。

纵观人类文明史，崇拜形式是人类尊重自然和感恩自然之心的反映。这也是数千年以来，中华民族崇拜文化中的人类道德观念的体现。

第七章 中国端午节的重大意义和龙舟艺术的综合展现

一、龙舟的发明与独木舟的文化渊源

在中华大地上，人们只要说起端午节的话题，就会联想到划龙舟。那么，龙舟是怎样来的，它与独木舟有关联吗？这是大家感兴趣的话题。

追溯历史，中国是世界上造船最悠久的国家之一。早在新石器时代，我们的祖先就广泛使用了独木舟和筏，并以其非凡的勇气和智慧走向海洋，为我国的航海业奠定了基础。据考证，独木舟、筏、船等就是最早的一种水上运载工具。其中独木舟又是最原始的运载工具。有关独木舟的制作方法，《易经·系辞》上有“刳木为舟”的记载，也就是说独木舟是刳木而成的。据2002年11月在跨湖桥遗址，位于杭州市萧山区湘湖中发现一条约8000年

湘湖独木舟

的独木舟，为刳木而成。这与《易经》“刳木为舟”的记载相印证。

据1958年和1965年前后两次在江苏武进淹城内城河中发现四条独木舟，它们都是用整段楠木或柏木经火烤之后用斧凿制成的。

1958年出土的一条独木舟，全长11米、舱上口宽0.9米、深0.45米，系用整段楠木挖空制成。这舟距今已有2800年历史。是我国目前最早发现的独木舟，现陈列于北京中国历史博物馆。

1965年内城河出土的两条独木舟。其中一条长4.22米、舱上口宽0.32米、深0.45米，尾舱宽0.69米。系用楠木制成。舟外壁光滑，内壁有比较均匀的斧凿痕迹。现陈列于南京博物院。曾出国到日本、西欧巡回展出。另一条长7,45米、舱上口宽0.69米、深0.36米，舟舱两边上端各有一排孔眼。由于整个舟身腐蚀较为严重，现经过专家修复加固保护。今陈列于淹城博物馆。武进淹城独木舟是挖空而成，这和《易经》“刳木为舟”的记载相印证。

历史上，淹城独木舟又称武进独木舟，是指在常州武进淹城发现的独木舟。那么，独木舟与龙舟的关系又是怎样产生的呢？

其实，独木舟在我国民间亦称独龙舟，即象似水中一条独来独往的龙。这一形象的说法在长江以南的乡村至今流传。我国云南省贡山县有独龙江乡，全称是独龙江独龙族自治乡，也是独龙族主要的聚居地。独龙江，系云南六大水系之一。

我国贵州施洞一带居住在清水江边的苗族百姓，每年农历5月25日—5月27日，都要举行独木龙舟节。这一节日的俗称就是民间称独木

淹城独木舟

苗族独木龙舟节

舟即龙舟一说的佐证。

据清光绪《苗疆闻见录稿》记载:“其舟以整木刳成,长五、六丈,前安龙头,后置凤尾,中能容二三十人。”这一制作方法也和《易经》“刳木为舟”的记载相印证。

由此可见,我国龙舟文化的历史之悠久。在民间独木舟亦称独龙舟的说法看似有别,但其意义是相同的,它们的共同性就体现在“舟”为水上运载的作用上。随着人们生产生活的需要,后又发展成大龙舟,亦称龙船。俗话说,端午节大家一起去看划龙舟,或划龙船比赛,其意义也是一样的。历史上,我国端午龙舟赛都受到官方的重视,如清朝乾隆皇帝六次下江南,曾三次到江苏常州天宁寺拈拜,第一次给寺僧颁赐各件,赐给方丈“银牌荷包”,第二次赐给方丈“紫衣”,以示宠贵,第三次御笔题写“龙城象教”(龙城,常州别称),据清洪亮

乾隆皇帝御笔

常州天宁寺

吉《外家纪闻》记载，每年端午前后，常州白云溪一带有龙舟竞渡，形成“六龙竞渡白云溪”的盛况。象教为佛家语，就是以绘佛像或雕佛像教人，即佛教（以德育人）。匾额外，还为大雄宝殿撰楹联：“合相证三摩，光融西竺；众香超万有，界现南兰。”

历史上，乾隆皇帝之所以题写“龙城象教”，即常州市谓其龙城，与“六龙竞渡白云溪”，及武进淹城独木舟（龙舟）文化就有分不开的渊源。

当今，武进淹城独木舟和萧山湘湖中独木舟的先后被发现，它为我国研究新石器以来的造船业发展提供了极其重要的实物依据。其意义重大，影响深远。它是中华文明进步的象征。

千古以来，中国人经历了筏、独木舟、龙舟桨船、木板船、木帆船、轮船、螺旋桨船到现代钢质船的发展历程，千姿百态的船型、结构、帆装、推进动力，充分反映了人类智慧和创造力的多元化。

在中国古代的诸多船舶中，最有影响的是汉代的楼船，隋朝的大龙舟和明朝的郑和宝船。公元640年，隋炀帝杨广为了要到扬州考察一游，命官吏督造龙舟及杂船数十艘。杨广乘坐的大龙舟，高45尺，长200尺，上层有正殿、内殿、东西朝堂，中间两层有120个房间，全部用金玉装饰，还有高三层的龙舟九艘。大龙舟高数层，船体要用很多大木料，木料的长度有限，这就要求把许多较小较短的木料连结起来。同时，船体的骨架与板之间，船体与上层建筑物之间的连结技术要求很高，连结不好就不坚固，所以在龙舟的结构强度中，连结是极重要的。隋代大龙舟的连结方法是采用榫接结合铁钉钉连。用铁钉比用木钉、竹钉连结要坚固牢靠多了。隋代已广泛采用了这种先进的方法。

唐宋时期是我国古代造船史上的第二个高峰时期，我国古代造船业的发展自此进入了成熟时期。秦汉时期出现的造船技术，如船尾舵、高效率推进工具橹以及风帆的有效利用等等，到了这个时期得到了充分发展和进一步的完善，而且创造了许多更加先进的造船技术。唐朝龙舟船已采用了先进的钉接榫合的联接工艺，使船的强度大大提高。到了宋朝，造船修船已经开始使用船坞，这比欧洲早了约500年。宋代工匠还能根据船的性能和用途的不同要求，先制造出船的模型，进而依据模型画出船图，再进行施工。欧洲在16世纪才出现简单的船图，落后于中国约四百年。

在经过秦汉时期和唐宋时期两个发展高峰以后，明朝的造船技术和工艺又有了很大的进步，登上了我国古代造船史的顶峰。明朝造船业的伟大成就，久为世界各国所称道。历史上，我国广大海域中的岛屿被发现和命名，以及郑和下西洋（丝绸之路）的贸易等成就，都与中国古代造船业的技术先进是分不开的。纵观历史，龙舟的发明是中华祖先聪明智慧的展现，也是我国对世界文明作出的巨大贡献，激励着中华儿女为建设繁荣昌盛的国家而努力。

二、端午节赛龙舟为世界水上运动的先驱

中国古籍记载，敬宗宝历元年(公元825年)七月己未，“诏王播造竞渡船二十艘”。胡三省注:“自唐以来，治竞渡船，务为轻驶，前建龙头，后竖龙尾，船之两旁，刻为龙鳞而彩绘之，谓之龙舟。”植标于中流，众船鼓楫竞进，以争锦标。从这一注说中使我们得知，在唐时渡船亦称龙舟，及唐朝的龙舟赛是由官方组办，并有具体规定的一项水上体育比赛活动。凌纯声在《南洋土著与中国古代百越民族》中说:“龙船，以民族眼光观之，即越人祭水神所架之舟。”通过这一说明，使我们得知，我国的独木舟即龙舟最早是百越族人发明的。(注，百越族，为古代越人各个不同族群的总称。文献上称之为“百粤”，粤，越族，其分布甚广，内部各有种姓。杂处于现今中国南方各地。我国广东省简称“粤”，与这一历史有渊源。)中国的越剧、李白的《越女词》，以及越过、越冬、越级、越轨、越权、越境、越位，越狱等词语的产生，也与百越族文化有渊源。在华夏文明史上，百越族又与江汉族、河洛族、海岱族、东夷族、华夏族、苗蛮族等相互融合发展，共同创造了大中华文化体系。河洛文化的出现就是历史的佐证。这也是中华草原文明，黄河文明和长江文明和谐发展的象征。

历史上，中华文化与东南亚各民族，及印度、南亚、非洲，欧洲等很早就有了友好的文化交流，并产生了很好的影响力，如中国近邻越南的名称就与古越文化有渊源。我国汉代与印度交流而引入的释文化，以及古“丝绸之路”的贸易等，都是文化友好交流即共同和谐发展的结果。我国现在规划新“丝绸之路”的工程建设其意义也在这里。

当今，日本的国旗图案，以及韩国用八卦作为国旗图案，就是中、日，韩

文化长期交流而产生成果的历史佐证。有关古越人的踪迹，我们从墓葬文化中可以看出，如江西龙虎山崖墓，它是2600多年前春秋战国时期百越人生活的遗址。四川省彭山县有江口崖墓。福建武夷山九曲溪两岸的峭壁上有悬棺遗迹十余处。从墓葬看，当时的百越人主要居住在长江以南，依山傍水的乡村，由于生产，生活的需要，百越族人首作独木舟即龙舟也是有道理的。这也符合中国古风水学选址理论。

纵观世界体育史，中国人传统的端午节龙舟赛为世界水上运动的先驱。也是龙图腾艺术的综合展示。

三、纪念屈原

据《续齐谐记》记载："屈原五月五日投汨罗江死，楚人哀之。"唐代诗人文秀诗云："节分端午自谁言，万古传闻为屈原。堪笑楚江空渺渺，不能洗得直臣冤"。西晋《风土记》："仲夏端午，烹鹜角黍。"端午吃粽子、划龙舟等民俗习惯流传至今。

端午赛龙舟在我国历史可谓悠久，古代赛龙舟的场面非常壮观，唐代大规模的龙舟赛，要有几十条龙舟参加。唐人张健封的《竞渡歌》描画了竞赛场面的精彩激烈：

五月五日天晴明，杨花绕江啼晓鹰；
使君未出郡斋外，江上早闻齐和声；
使君出时皆有准，马前已被红旗引；
两岸罗衣扑鼻香，银钗照日如霜刃；
鼓声三下红旗开，两龙跃出浮水来；
棹影斡波飞万剑，鼓声劈浪鸣千雷；

鼓声渐急标将近，两龙望标目如瞬；
坡上人呼霹雳惊，竿头彩挂虹霓晕；
前船抢水已得标，后船失势空挥挠。

龙舟赛在我国长江以南地区开展的比较普遍，已形成一年一度的“龙舟节”。现在赛龙舟，已经成为中华民族一项传统的民间体育活动。1984年国家体委决定将龙舟赛列为比赛项目，并举办了首届“屈原杯”龙舟赛。体现了中华龙文化源远流长的历史。

屈原：华夏族，出生于楚国丹阳（今湖北省秭归县。）一说为河南省南阳西峡人。他创立了“楚辞”这种文体，也开创了“香草美人”的传统。主要作品有《离骚》《九章》《九歌》《天问》等。他一生中写过许多著名的诗篇，诗中抒发了炽热的爱国主义思想感情，表达了对楚国的热爱。后来由于楚王不接受他的治国主张，致使国土沦丧，他满怀忧愤之情，跳江自尽。因此，民间有了纪念东周战国时期爱国诗人屈原的端午节。他创造的“楚辞”文体在中国文学史上独树一帜，对后世诗歌创作产生了较大的影响。屈原是我国已知最早的著名诗人之一。

屈原

第八章
中华龙文化与旅游文化的渊源

中国是一个古老文明的国度,炎黄子孙在这块幅员辽阔、山河壮丽的大地上,创造了灿烂而独特的龙文化与旅游文化。中国旅游文化伴随旅游活动的产生而产生,伴随旅游活动的深入而发展;它既有历史的传承性,又是时代的产物。中国旅游文化得天独厚,多姿多彩,多少自然山水在它的观照下转化为"人文山水",多少楼台亭阁在它的溶合下成为历史文化,多少风土人情在它的熏染下走出尘封。鲜明的形象特征和动人心魄的艺术感染力,使得它更具悠久的文化魅力。这一文化魅力的产生,就源于"八卦"对大自然的认识,以及"龙"为自然山水的象征。

当今,旅游作为一种文化现象,主要反映在自然山水中。人们通过对自然山水的客观认识,总结出水为万物之源的道理。

远古时代,人们为了选择"依山傍水"的居住环境,采取种种方式,其中就包括了旅游。人们在认识自然的过程中,不知不觉地迈出了旅游的第一步。

我国"旅游"一词,最早始于南朝梁沈约的《悲哉行》一诗:"旅游媚年春,年春媚游人。"从诗中可以看出,古人对春天开始外出旅游有益于人心身健康的重要性认识。现在,人们的旅游意识已经出现了崭新的面貌。旅游,作为一种文化方式,也成为人们日常生活的重要组成部分。

随着我国旅游业的兴起和迅猛发展,文化在旅游业中的地位和作用也越来越重要，各地的旅游文化产品也在不断的开拓市场，现在的旅游业已逐渐成为一项世界新兴的文化产业。应该说，旅游文化是旅游业的灵魂和支柱。而文化作为知识的载体，它又是社会生产、生活环境的映照，它给予我们以历史感、自豪感。

当今，我们说龙文化与旅游文化的渊源，其实旅游文化就源于龙文化。因为旅游文化主要反映人们对自然山水的感观认识，而山水就是“龙”的物象表现。所以，古时有“山水喻龙”的说法，也有“山不在高，有仙则名，水不在深，有龙则灵”的描述。我国龙图中展现“龙洒雨水”的艺术形象就体现了这一文化理念。

追溯源流，旅游文化与龙文化之所以产生关联性，其实都与中国人的“山水情怀”分不开。这一情怀就体现在人与自然和谐的思想基础上。

第九章
世界国旗文化的和谐理念与中华星宿文化的渊源

世界各国都有自己的国旗。国旗是代表一个国家主权的象征，也是一个民族文明进步的标志。同时也是一个民族图像艺术的缩影。一个国家的国旗设计都与本民族的历史文化有渊源。国旗崇拜，是古代大自然崇拜演化发展起来的一种氏族崇拜的标志，也是人们思想感情及信仰观念的反映。这一思想感情及信仰观念就建立在人与自然和谐的基础上。

远古时代，人们用怎样的方法来表达自己的思想感情及信仰观念呢？这就需要人们用智慧去创画图像。图像是图画艺术演化发展的产物。图像展现了人们在生产生活过程中，遂渐形成对自然万物的认识，这种认识又逐渐上升为感情上的多种信仰观念。信仰观念是一种抽象的虚体，看不见、摸不着，只有通过表达才能显现，而表达的方法无非是借助文字、声音或图像。文字在原始社会还未出现，声音的保存也是无法做到的，唯有图像的魅力最大。图像本身就能直接地把情感观念展现于大众眼前。俗话说，看图说话，即见图知意就源于这一道理。

由于仁者见仁，智者见智，大众对图像又能产生多方面的意义延伸，正由于此，图像艺术才会在历史发展过程中得到演变。这种把观念用图像表达的方式称为物化，也称为情感形象化，也称为人化。人化即对某一图像或物象倾注情感，以反映人们的信仰观念。这样，图像艺术就具有观赏性和吸引性，还普遍得到人民大众的认可。这是图画艺术创新发展的动力，这也是国旗作为一个民族的图腾文化标志，并受到人民大众崇拜的原因所在。

世界各国的国旗在图案设计上虽然有所不同，但人类文化的共识性是相同的，即都离不开星宿文化的渊源。如美国的国旗为多星组合的星条图案，图瓦卢是以九颗星组合的图案，所罗门群岛为五颗星组合，新加坡为月亮与五星组合，科摩罗为月亮与四星组合，伊拉克为三星组合，叙利亚为二星组合，土耳其为月亮与一星组合，还有利比里亚、朝鲜、越南、多哥、加纳、喀麦隆等国的国旗为一颗星组合的图案。日本的国旗是圆形的太极图案组合，韩国的国旗为太极八卦图案，由乾、坎、坤、离四个卦组成，其中乾坤代表天地，坎离代表月亮，太阳。以上图案设计都与星宿文化有渊源，在这里就不一一叙说了。回顾中国近代国旗史，中国的第一面国旗是清政府的"黄龙旗"。附图：

黄龙旗

（注：黄龙旗，1888 年至 1912 年的中国清政府国旗。旗面是黄色，及太阳与青龙的图案组合。其意：黄色为土代表中华大地，土在中央即中央之国为中国。青龙，青色代表东方，龙代表中国，即中国位于东方为龙的国度。太阳，即映照中华大地之意。龙代表中华大地，源于星宿文化。）中国的第二面国旗，是"五色旗"。原为国民政府旗帜，后成为北洋军政府的旗帜。中国的第三面国旗是国民政府的"青天白日满地红"旗，该旗帜台湾地区使用至今。第四面国旗是中华人民共和国五星红旗。以上图案设计都与星宿文化有渊源。

当今，人们面对世界各国的国旗在联合国上空飘扬，以及奥林匹克运动会的五环旗帜，与各国的国旗相聚在一起的时候，国旗就承载着世界人民团结和谐的使命。国旗文化的和谐理念就体现在人与自然，以及人与人之间和谐相处的道德理念上。当今,中国五星红旗飘扬在北京天安门广场的上空(天安门最早称“承天门”,即“承天启运,天下太平之意。)以及2008年北京奥运会开幕式显示出“和”字,就体现了中华民族迈向世界和谐发展的道德理念。这是中华民族创立的星宿文化,即天地人和谐文化的意义所在。这也是国旗作为世界和谐文化的载体,与中华星宿文化产生渊源的重大价值所在。历史发展到二十一世纪的今天,中华文化要走向世界是历史赋于中华儿女的使命,让我们共同努力迈向世界和谐美好的明天。

第十章

中华民族天地人和谐文化中的人类道德观标准与反思

一、中华民族天地人和谐文化中的人类道德观标准

当今，我们说人类文明史，其实就是说天、地、人文化的发展史。文明是以文化为载体而体现的，文化与文明是相辅相承的关系，人类创造文化的目的就是为了促进人类文明的进步。人类文明进步的标志就体现在对大自然的科学认识上，体现在人与自然和谐的基础上，这就是文化意义上的科学世界观，也是为人的道德观标准。

文化就是文治与教化，它是一个动态系统。中华文化是一个大概念，它涵盖了所有的文化内容，其中也包括了传统文化。中华传统文化是以天地人和谐为标志，以儒、释、道文化为主体的文化现象。

释文化是我国汉代与印度交流而引入的文化，现有两千多年的历史。我们现在说的佛文化是与儒道文化相互交流而形成的佛学体系。这一体系的建立凝聚了中印两国人民的友好感情。

儒家、道家为本土文化，是以“家”为主体而形成的文化体系，其内容的重要性就体现在“天人合一，即天下一家”的广义性概念上。儒道文化是中华传统文化的两大支柱，现已成为中华文化乳汁中的一种重要成分，没有

一个人不曾吸吮它，不论是自觉的还是不自觉的。

在中华文化中，天、地、人文化为肇始文化，它是以太极八卦的演化规律来反映人与天地和谐相处的关系。因此，太极文化亦称星宿文化，即天、地、人文化。

人为天地的产物，是离不开天地而独立生存的物种。因而，天、地、人文化涵盖了世界上各个民族的文化内涵。世界各国都有不同的民族风情、生活习惯、宗教信仰、思维方法等文化上的差异，一个民族要形成自己的文化体系是需要长时期的文明演化而实现的，只有这样才能反映一个民族的文化特色和风貌，才能世代传承。世界上各民族的文化是需要相互交流又相互尊重的，这就是文化意义上的“百花齐放”。

人类文化虽然有多样化，但共识性只有一个，这个共识性就体现在人与自然和谐的基础上。凡是脱离人与自然和谐的文化现象都是没有生命力的，文化创新也离不开这个原则。因而，人类创建的所有文化都属于天、地、人和谐文化范畴。

我们知道人类的一切活动都要在天地运行的规律中进行，科学技术也不例外，如飞机的制造和飞行就要以地球自传为准则，再考虑其他因素。世界上所有的科学技术都离不开这一原则。也就是说，人所做的任何事情都不是由人的想象而实现的，必定会受到自然规律的制衡。俗话说，人要“顺其自然”就是这个道理。我们常说，人要做大事就要逢天时、地利、人和才能实现，就说明了人离不开天地的关系。在中华文化中，“天下大同，即天下一家”就是天、地、人文化的共识性。

人类称大自然为母亲是感恩思想的体现，属道德文化范畴；所以为人讲道德就是世界文化的共同点。也就是说，人类创建的所有文化，包括教育、科技、文学、艺术、法律、宗教等，都要以人与自然和谐的道德规范为标准；人首先要与自然和谐，才能体现人与人之间的和谐关系。

在中华文化中,和谐是以道德为载体的,而道德则以天地为载体,所以讲道德就是世界文化的共同点。当今世界各国都制定法律,但是法律是要有共识的,法律是为道德服务的。也就是说,道德是主动的,法律是被动的。法律的作用主要体现在对犯罪人的惩罚, 人们不希望看到更多的犯罪现象。应该说,世界各国制定法律的目的都是为了教育人要讲道德,不要做坏人,要做好人,要做一个有道德的人。这就是"以德治国、依法治国"的道理。"改造思想,重新做人"的提法,就体现了法律为道德服务的内涵。因而,法律的制定要符合天地人和谐原则。人类社会必须要有和谐的共识,否则就无法构建人类的道德文明。没有道德文明,自然生态、自然环境、动植物就会受到严重的伤害,人类生活环境也会变的很恶劣,人们就难以生存。

做人不讲道德,社会规范也就无法建立;没有社会规范,人心就会变坏,是非就会不分,就没有公道可言。这样,就会出现"顺我者昌,逆我者亡"的大乱局面。第一、第二次世界大战的爆发,就是没有道德规范造成的恶果,世界人民为此付出了惨重的生命代价。八国联军的侵华战争也是如此,它给中国人民带来深重灾难,造成了国土分隔、亲人分离、文物被抢、国家危难的悲惨局面。为此,中华民族落后了近一个世纪,传统文化也受到极大的伤害。

历史上,勤劳善良的中华儿女传承和谐文化的传统,把"四大发明"的成果奉献给世界人民,促进人类科技文明的进步。中国人民用自己发明的火药制成鞭炮来庆贺农业丰收和喜庆节日,而西方列强将火药用于发展武器,制造枪炮来侵犯我国土,这是多么使人伤心的事情。

对于这段历史,至今还有人责怪自己祖先的无能。祖先真的无能吗?不是的,不是我们祖先没有智慧,而是中国人从来没有想过要侵犯其他国家的利益,也没有想到会受到别国的侵犯。如果当时考虑到这些问题,就不会把"四大发明"的成果拿出来作奉献,也会将火药发明用于制造武器弹药上。我们坚信，凭中华祖先的聪明智慧，定会制造出先进的枪炮。但是我们祖先没有这样去做，这是中国人民善良之心的道德观体现。

中华民族“大难兴邦”向前看，按人类共识的道德标准去做，中华民族虽然付出了血的代价，但它为人类的道德文明建设树立了一座永恒的丰碑，为世人敬仰。现在，我国还有大量的文物流失在海外，我们相信随着人类文明的进步，很多文物会不断地回到祖国的怀抱。我们建议中国政府要成立接收文物回国的专职机构，专人负责并加大宣传力度以鼓励。我们相信这个春天一定会到来的，这是人类追求文明进步的需要，也是道德共识的体现。

为了人类将来更好的和谐发展，中华文化的和谐性也体现在“万物本乎于天，人本乎于祖”这个理念上。人要祭祀天，要祭祀祖先，为什么？因为生命来源于天地，来源于祖先。那么，古人说的“生命”究竟是怎样的内涵？这是世人需要搞清楚的问题。自古以来，中国人说的生命就是天命，即上天赐给了人类的生命。天是什么，天就是大自然。因而，中国人有了“天地君亲师、天命不可违、真龙天子、真命天子”等说法。“真龙天子、真命天子”，其意就是天生的儿子即天命。在中华传统文化中，命就是时空的概念，时空是物质的载体。所以古人发明天干地支组合排列为八字命。俗话说：一德、二命、三风水，就是把道德放在首位。当今，我们说“无德者，富不过三代”就源于这个道理。

现在有人做生意想发财，古人也有这个想法，但是古人遵循“君子爱财，取之有道”的原则。现在有人想当官，古人也有这个想法，但是古人知道做官就要遵循“自强不息，厚德载物”的原则。这也是为官、为商，先为人的道理。

中华儿女为了使国家繁荣昌盛，人民幸福安康，涌现出大批的圣贤人才，为中华文明进步做出自己的贡献。中华大地就是我们的家，“一方水土养一方人"就是家的恩赐,思恋家乡是中华民族的优良传统。我国亿万人们每年春节回家团圆,就是中华民族凝聚力的象征。

有人说,中国历史上的"封建时代"形成了保守的"封建迷信"思想。所谓的"封建迷信"思想,其实是指"听天由命,靠天吃饭"的"宿命论"思想。"封建时代",按现在的解释:其意是指君主统治的专制时间段称为封建时代。对于这种解释是否正确,我们先要了解中国历史年代的记载。

我国从夏商周开始, 直至今天的历朝历代都有时间延续的名称说明,而没有"封建时代"的记载。那么"封建时代形成的保守的封建迷信思想"只能属于信仰观念。人应该不应该有信仰,信仰谁? 自古以来,中国人信仰自然天地,不是信仰君主的统治。也就是说,君主执政要"为政以德,即以德配天和天下。"所以黄帝执政时认为,人应当效法天的造化,要遵从天意和民意,要"以德为本","裁成天地之道,辅相天地之宜,以左右民。""夫大人者,与天地合其德,与日月合其明,与日月合其序。"这就是天、地、人和谐文化中的道德观体现。这也是天德和天理的体现。

历史上,古人也责怪过"苍天不公平",其主要原因是自然灾害带来人间灾难,这在远古时代是可以理解的。而现代人责怪"苍天不公平"是人为所致,主要体现在不遵循自然规律,或者是因为对自然规律不了解就开始行事造成的,当然还有人间事务不公平的原因。

由于社会情况的复杂性因素较多,人们思想观念也有不同,行为目的不一样,所以人就需要有道德信仰,没有道德信仰的人,行为就会失控,就会天不怕,地不怕。一个天地都不怕的人,人家就会怕你;你若处理不好人际关系,就会激化矛盾出问题。现在有一些学者对儒家、道家文化看法不同,甚至争论不休;这是需要冷静思考的问题。

我们要怎样认识自己的儒家、道家文化,首先就要把"家"的概念搞清楚,否则文化就没有共识。数千年以来,我们的祖先以"天地为家即天下一家"、以国为家、以家乡为家、以家庭为家，这就是广义的家概念，体现了儒家、道家文化包容天下的情怀。

现在有些学者讲历史文化时，不从中国历史文化起源去研究，也不去了解当时的社会制度，就拿部分典故来自我解说，甚至把某朝某代"皇帝"的私生活说得特别起劲，我不知道这些内容是否真实，就算你是从某些书籍获得的内容，也不符合中国人保护个人隐私的习俗。对后人的教育也不利；尤其是学术名人在电视台上讲座更是影响极大，这是需要认真反思的问题。现在有人还认为，中华传统文化具有封建保守色彩，缺乏进取性，及中国人缺少道德信仰等，这是对传统文化没有深入研究而造成的原因。当然这也可能是一种善意的批评。我们应该重视这一问题，这是关系到中华文化怎样走向世界的大问题。

现在，我们讲国学，顾名思义，国学就是一个国家文明发展的一部历史文化学。所以讲国学就要从历史文化的源头开始，不要拿古人曾经写过一本书、某时说了一些话就来做文章。你想做文章，就要把当时的历史背景搞清楚，古人为什么要写这种书说这类话；也就是说，一个民族的文化发展是离不开历史渊源、也离不开历史环境的。俗话说，历史造就人才就是这个道理。当今，我们要求孩子学传统文化。学什么，怎样学？有些学者说《经学》重要，有的说《论语》《三字经》《弟子规》重要。这些重要性的文化共识在那里？没有文化共识怎样去理解，怎样去解释，怎样出教材？中华文化的共识就是讲天与人，及人与人之间怎样和谐的关系，讲"自强不息，厚德载物"的道理。

作为人，谁都有缺点，古人也一样。但是我们怎样去总结历史，展望未来，给人以智慧。如果一个时代经常出现有人责骂自己祖先的话，就可以看出有些人的道德行为滑坡，就会产生种种的社会不良现象，甚至有人就敢做出一系例"伤天害理"的事情。

我们要知道，道德不是口号，是人体基因的元素。人要传承后代，就要以善良的基因为载体，这就是“种瓜得瓜，种豆得豆”的道理。这一道理在我国儒佛道文化中就得以体现。

现在，我们需要深思的是人类为何要创建宗教文化，树立宗教信仰？目的又是为了什么？其实，宗教文化就是为了使人对大自然要有敬畏之心，为解决人的道德信仰而创立的，目的就是为了促进人类社会的和谐发展。在宗教文化中，为什么要树立神、佛的形象，是因为人都有私心杂念，而神佛没有。神佛是“天上人间”大智慧之人的象征。《中国通史简编》第一编说，对民有利益的人和物才被尊敬为神，神一定是聪明正直、不害民的，害民的是妖、厉、怪，不得称为神……

在中国历史上，人们往往把对自然有认识、有发明创造、又能为百姓谋利益的突出贡献人物作为神话来传颂。在民间人们用鬼神文化来惩恶扬善，在人们心目中鬼神仍是善恶分明的，他们宁愿相信做了好事就会添福加寿、子孙兴旺，做了恶事就要遭报应、死后也要打入十八层地狱。

在佛教文化中，观音、地藏菩萨普渡众生，地藏王菩萨说出最伟大的一句话就是“地狱未空，誓不成佛”。“佛”是道德的象征，而菩萨就在人间说道理，劝人为善，行善积德。所以有了“苍天不亏善心人”的说法。“为人不做亏心事，半夜不怕鬼敲门”是古训，就是要求做人要做堂堂正正的人。

说到这里，思绪万千，我们没有从深层次去理解中华传统文化的内涵，我们对不起自己的祖先。数千年以来，我们祖先创立天地人和谐文化，就是人类道德观的标准。

二、中华民族天地人和谐文化中的人类道德观反思

当今，我们说天、地、人和谐文化，首先就要了解中华民族用四笔划组合成“天”字的大智慧，以及天字中内涵博大精深，又丰富多彩的学问。天字是一与大字的上下组合，意为“一划画天”即天最大。其演化程序是，先画上一划，再画下一划，即上一划为天，上下两个一划组合为二，即地，加上人字即为天字，其意为人在天地中。这样，天地人三者不可分开的和谐关系就在文字中体现出来了。这是《易·系辞上》说的“天一、地二”，与八卦用乾坤二卦取天地人之象的道理。所以《说文》云：“天，颠也，至高无上，从一大。”天是头顶，后来引申为天地的“天”。

在中华传统文化中，“天”主要有三层含义：

一是相对于地面的上空，即“自然之天”。先哲认为，天是自然万物的总称，是日月星辰运行的天象，是四季变化的客观规律。《诗·唐风·绸缪》云：“三星在天”就是指自然天象。

二是“神化之天”，即“人格化之神”，亦称主宰之天。也就是说，天被视为一种可主宰宇宙万物的神秘力量，人类社会的变迁，乃至每个人的祸福吉凶等，无不受之天的安排。我国《尚书》记载的天多是主宰之天。古人也特别信仰天的主宰性。

三为“义理之天”：认为天是一种伦理的载体，人生价值的源头，具有最高的伦理准则，又成为社会道德的来源。

以上对天的认识，主要反映了“顺存逆亡”的天人关系，体现了人要尊重自然，要按自然规律行事的指导思想。所以《易·系辞》云：“易与天地准，故能弥纶天地之道”。《周易》说，“天行健，君子以自强不息；地势坤，君子以

厚德载物。”就说明了为人不但要学好知识，还要知道“以德配天”和天下的道理。老子《道德经》的问世，就体现了做人要讲道德的重要性。因而，老子成为道家文化的创始人。俗话说，“老子天下第一”，就是对《道德经》文化价值的认同。

现在，我们说中国人的“天人合一”思想，其实“天人合一”思想就是天地人和谐思想。它是中华民族历经上下五千年的文明演化而形成的思想文化体系。这一思想文化体系就建立在以“自然为中心，以人为根本”的道德基础上。它与西方“以人为中心”，过度强调人的作用理论有着认识上的区别。历史上，西方“以人为中心”的发展模式，导致了人类自18世纪工业革命以来，开始了规模宏大的工业化与现代化进程。这一进程表现出人类一方面逐步摆脱愚昧贫穷走向文明幸福，另一方面又造成了自然资源过度利用，生态环境受到人为破坏的多种问题。甚至还出现为掠夺资源而引发了世界范围内的多次战争，人类又陷入了日益严重的生存危机之中。

当今，面对科学技术的飞速发展，而生态环境却变得越来越脆弱，人与自然的矛盾又越来越突出的情况下，我们非常需要对过去的历史进行全面总结与反思。其实，人类演化的历史就犹如一条长河，在这条长河里，人类文明发展大约经历过四次文化变革阶段：

第一次是旧石器工具制造时期，发生在约两百万年以前，它使人区别于其它动物，人类进入原始文化发展阶段。这一阶段最重要的是人类知道用火，而华夏祖先就是首先知道用火的人。这是人类文化的第一次思想变革。

第二次是农耕阶段，发生在约一万年前，使人类从单纯的食物采集者发展成为不但是食物采集者还是生产者，人类进入农业文明发展阶段。这一阶段最重要的是，中华始祖伏羲认识了昊天为自然之天，并画出了八卦天文地图，以指导世界农业生产。这一时期中国人最早发明了农业生产用的各种劳动工具，还有了自己的历法体系。

第三次是工业时代，发生在两百多年前，使人类生产方式从手工业生产变成机器生产，人类进入了工业文明发展阶段。这一阶段，中华民族有了造纸、印刷、火药、指南针四大发明，并奉献给世界，以促进了工业文明的进步。

第四次是知识时代，发生在约三十年前，使人类的消费模式从物质消费型转向知识消费型，人类进入了知识文明发展阶段。这一阶段至目前为止，中国落后于西方发达国家。

以上四次思想变革，也是人类社会进化的四个主要阶段。

一、旧石器工具时代是人类文明始初的认识期。

二、新石器时代是农耕文明的起步期。

三、工业时代是农业经济步入工业经济的发展期。

四、现在的知识时代是人类文明的成熟期，将来还有新发展。

这四个变革时期所造成的自然生态问题大体也分四种状况：

在旧石器时代，人们狩猎，捕鱼，依靠採植物为生。原始人借山洞为宿地，以毛草为衣，与日月风雨为伴，吃的都是生冷食物。那时候没有现代人说的科学，也不知道什么是科学技术，更不会说科学世界观这类话。但古人知道人要生存，首先就要解决吃住问题。这一阶段，人类祖先只是为了生存而获取食物，为后代子孙留下了丰富的自然资源。

在农耕时代：生态虽然也有破坏，环境也有污染，但这是处在可治理的状况。应该说，农耕时代是人类消耗地球资源较少，生态环境较好的年代。那时人们用粪便作肥料，在耕种上循环利用自然物资，保持了土地质量的良好状态。各类动物的粪便也作为肥料，维系了自然生态循环利用，并节省了大量的地球资源。

在工业文明时代，工业生产以机器系统或自动化流水线代替手工工具，从而使手工工场的生产转变为工厂化大生产，工业生产开发利用大量能源。从这时起人类征服自然，掠夺地球资源的愿望就越来越强烈，手段越来越多。甚至发展到为掠夺资源而暴发了第一、第二次世界大战，八国联军的侵华战争也是如此。这一期间自然生态已经开始产生了比较大的破坏，环境污染在西方国家尤其显现。

在知识文明时代，由于过去50年科学技术的飞速发展，理应节省资源，生态环境变好。可是整个社会却出现了科技越发达，资源消耗就越大，自然灾害就越多，并导致了世界范围内的水资源短缺，水质污染，土地荒漠化，耕地衰竭，气温上升，生物种类不断减少，自然环境受到极大破坏的不正常现象。从人类历史的角度看，严格意义上的环境污染始于18世纪末。自从农业生产中应用大量化肥、农药和除草剂后，就对土地质量，生态环境造成了非常大的破坏。除了其他物种受到伤害外，就连田野上古人视为夜明珠的荧火虫现在也几乎看不到了。

当今，面对这一系列的生态问题，世界上还有不少专家，学者认为，人类是最聪明，最有智慧的高等动物，继续宣扬西方社会“以人为中心”，过度强调人的作用理论。这就使人不得不从思想上进行反思了。

我们应该客观的认识到，在茫茫宇宙中，人的智慧是有限的。人类是否最聪明，是最有智慧的高等动物，不是某些专家说了算，要让历史来说话，这就是研究历史的价值所在。

我们都知道，人类自从在地球上诞生的那一刻开始，就要依靠大自然母亲的哺育，以万物维系生命。人类始初的求生存智慧，就是从各种动物那里学来的，如原始人开始不知道哪些东西能吃，哪些东西不能吃，就观察各种动物吃什么，从中学到了怎样吃的知识。后来狩猎，捕鱼，採植物等也是如此。还有原始人居住山洞，也是看到有些动物在山洞中居住学来的，后来建茅草房居住是从鸟儿建巢学来的。人类“以木取火”是从啄木鸟那里学来的。人类说话,以及唱歌的声音也是从鸟儿,动物那里学来的。

人有病时观动物生病吃什么东西治疗,后经过长期的实践总结,还造就了我国中医药的发明。直至现在,飞机的设计形状是从鸟儿飞翔的体态中学来的,游泳方式是从鱼儿、青蛙那里学来的。当今,我们说中华传统武术中的蛇形拳、虎形拳、鹰爪拳、猴拳等也是从动物那里学来的……还有,各种自然灾害来临前,是动物先感知的;它们在灾难发生时,还不怕牺牲,救人性命。各类动物不但教会了人类的各种知识,还为人类作为食粮付出生命。它们都是人类的大恩大德者。我们应该明白,凡是有生命的物种都是有灵性的,它们也有母爱,也有比人类更大的智慧。这就是中华始祖伏羲氏,仰则观象于天,俯则观法于地,旁观鸟兽之文,与地之宜,近取诸身,远取诸物,始画八卦的道理。俗话说,"实践出真知"就源于对事物的感知认识。

可是现代人又是怎样对待动植物的呢?他们为了获得更多的资源,就动用机器,开山挖洞,甚至还把整个山体推平,完全不考虑这些山体本来就属于各类动植物生长的地方。现在,人类的活动已经从天空到海洋,处处留下足迹,严重影响了其他物种的生存环境;加上有人不断地捕杀野生动物,到目前为止,已经有数不清的物种受到人类的野蛮对待,失去了生存空间而导致灭绝。这难道是人聪明智慧的体现吗?

我们应该知道,动物也是爱恨分明的,它会向人类讨回生存权,从而进行反抗报复的。我们在报刊上早就见过这样的报道:在印度和我国西双版纳,偷猎大象的事时有发生。大象竟能在事隔数日、数月之后,准确地找到偷猎者住所,捣毁其房屋,甚至伤害偷猎者。

在第二次世界大战期间,信天翁袭击美军的事更是颇为有趣。美军为了偷袭中途岛上的日军,决定在太平洋的一个荒岛上建立情报基地。一天夜晚,几名美军侦察兵登上荒岛,被惊醒的信天翁以庞大的阵势飞向海岸,硬是把侦察兵挤下大海。第二天夜晚，美军再次登陆时，遭到鸟群更加猛烈的攻击，美军再次败北。为了尽快占领荒岛，美军不得不出动大量飞机，对荒岛进行狂轰滥炸，直炸得信天翁尸横遍野，以致美军的战车也难以前进。美军占领该岛后，不料轰炸激怒了附近岛上的信天翁，它们满怀深仇大恨，一批又一批地飞到荒岛与占领者搏斗。美军出于无奈，不得不施放毒气，用高射机枪组成火力网，以抵御鸟群的袭击。这就是动物群体报复人类的例证，这也是一种被伤害的动物直接的反抗求生的本能行为。

类似事件早就应该成为人类的教训。但事实上，有多少野生大象、狮子、老虎、熊、豹、狼、狗、猫科动物、鸟类、鱼类等被人杀灭后并没有直接的报复行为。大自然母亲默默地承受着这样的伤害。我们应该知道，凡是大自然母亲繁衍出来的物种，都是生态链上的一环，它们与人类一起，共同承担着维护生态平衡的使命。在大自然母亲的怀抱里，它们不但是人类的兄弟姐妹，而且是人类的良师益友。

在农耕时代，牛马是百姓家中的主要劳力，承载着家中生产生活的重担，直至现在边远山村还是如此。我们要知道，人类没有这个权力判它们死刑，毁它们的家园。为了吸取教训，教育后人，我们应该为那些被人类无故杀害的野生动物建纪念馆，以缅怀它们的功绩；为那些为了保护自己家园、而被美军在第二次世界大战中滥杀无辜而英勇献身的“信天翁”，授于“世界生态保护和平奖”。我们应该认识到，保护它们就是保护人类自已。

我们后代子孙要牢记，世界各民族的原始图腾都是以某种动物或鸟类为标志，并受到各氏族祖先崇拜的。中华民族以龙凤为图腾标志，并受到炎黄子孙的崇拜，其意义也在这里。应该说，没有这类动物的贡献就没有农耕文明的发展，没有农耕文明的发展就没有现代工业的进步，更谈不上知识时代的到来。

当今，西方一些发达国家在世界各地宣扬资本论，以及政治，民主与人权。一些专家,学者还认为:资本主义国家之所以发达就是制度优越性所决定的。这一优越性主要体现在资本、政治、民主、人权方面。

针对这一认识,我要说说以下看法,先说资本:资本其实质就是资源。资源对人来说,确实是维系生命的根本。西方之所以称资本主义国家,就源于对资源的重要性认识。但是,需要明确,资源是有限的！我们现在需要反思的是如何合理分配与节约使用资源。我们应该想到,人类是不能无节制的索取地球资源的,因为人类还没有创造地球上全部自然资源的能力,如山水,矿产资源等。也就是说,地球资源是有限的,我们现在用计算机是可以计算出这些资源可供人类用多少年。

现在,再来说说社会主义中国这一名称的文化内涵:中华人民共和国是东方社会主义国家。在中华文化中,社会的广义性就是指人类社会,主义就是主道德与义务。也就是说,中国作为约占世界五分之一人口的大国,要对世界经济和谐发展承担义务,这就是社会主义中国名称的文化内涵。这也是天下大同,天下一家的社会理念。

关于民主、人权,这不是西方人发明的专利,我们的老祖宗在几千年以前就开始讲民主,讲人权了。在中华文化中,民主,即民意,民意为天意。天意就是天地人和谐之意。所谓"人权",最基本的首先就是生存权,就是要解决吃住问题。所以中国人有了"国以民为家,民以食为天"的德政理念。关于政治,当今世界各国都有政治学、还有政治家、政治领袖。那么,政治到底是一门怎样的学问,政治以什么为标准,这是值得人们深思的问题。在中华文化中,政治就是德治,即"为政以德,以德配天和天下。"现在的政治家理应知道"天下一家"是什么概念,广义的家就是指自然万物生长的地方,包括人类的居住地,不是人类可以独占的地方。讲政治的目的,最终是体现在人与自然,以及人与人之间的和谐关系上,而不是战争、矛盾。

当今,面对地球资源的不断减少,生态环境受到人为的破坏,自然灾害又频发的情况下，为了给后代子孙留下更好的生存空间，现在的政治家、政治领袖们，应该考虑人类文明怎样发展的问题。怎样引导世界将高尖端的科学技术用到预防与治理自然灾害上，而不是用于军备竞赛与战争上。人类社会发展的历史反复证明：凡是人与自然有矛盾的情况发生时，人与人之间就会不和谐，就会发生战争。人们不能忘记这一历史教训。

当今，世界各国都有发展经济，改善民生的计划。那么，要想使这一计划得以实现，并具有永久性，人类社会就必须要创建一个人与自然，以及人与人之间和谐相处的良好环境。要共同保护好大自然，尤其要保护好水资源，要让天下之水造福于人类社会，而不是人间灾祸。只有这样才能发展

漂泊信天翁

信天翁回家

好经济，改善好人生，使人类真正走向文明幸福。如果人类能将龙卷风、海啸、地震、火山喷发等产生的自然能量，转化成为人类生产生活需要的资源，这才是人类大智慧的展现。

普天下的朋友们，人类的归宿不是战争而是回归自然。人是大自然恩赐的产物，就有报恩大自然母亲的义务。我们常说，"吃水不忘挖井人"。那么井水是从哪里来的？是大自然母亲恩赐的。我们首先要有感谢大自然母亲的情怀，这就是人类最高的道德观体现。

纵观历史，中华文明是以天、地、人和谐为标志而载入历史史册的。天地是全人类共有的家园，所以中华文化就是世界文化。为了人类和谐美好的明天，华夏子孙应该先反思，这是我们祖先的大智慧，启发后代子孙去认真反思的。只有这样，我们才能和世界人民一起，共同迈向人与自然、人与人之间和谐相处的明天。这就是我们研究太极八卦文化与龙文化的重大意义所在，这也是中华文化的精华所在。

二战结束了，信天翁回家了，广阔的天空，海岛是您的家。愿地球上所有失去家园的野生动物都能回家，回到大自然母亲给您安置的家。

参考书籍

1.《中国历史大辞典上下卷》郑天挺、吴泽、扬志玖主编，上海辞书出版社:2000年3月第1版。

2.《中华神秘文化》王玉德等著，湖南出版社:1993年6月第1版。

3.《中国上下五千年》洪和主编，北京出版社:2006年7月第1版。

4.《中国民俗学》乌丙安著，辽宁大学出版社:1985年8月第1版。

5.《周易与中医学》杨力著，北京科学技术出版社:1997年6月第3版。

6.《中国八卦医学》刘杰、袁峻著，青岛出版社:1995年4月第2版。

7.《八卦与健康》扬国安著，黑龙江科学技术出版社:1995年4月第1版。

8.《风水与建筑》程建军、孔尚朴著，江西科学技术出版社:1992年10月第1版。

9.《民间实用天文历法通书》黄世平著，海南国际新闻出版中心，三环出版社:1991年11月第1版。

10.《周易辞典》吕绍纲主编，吉林大学出版社:1992年4月第1版。

11.《地理汇宗》周伟励编辑，广州出版社:1995年1月第1版。

12.《道教文化辞典》张志哲主编，江苏古籍出版社:1994年6月第1版。

13.《神秘的星象》刘韶軍著，广西人民出版社:1991年12月第1版。

14.《地球概论》金祖孟著，高等教育出版社:1983年1月第2版。

15.《中国旅游文化大辞典》吴祚来、陈宏仁主编，江西美术出版社:1994

年9月第1版。

16.《中国茶文化大辞典》朱世英、王镇恒、詹罗九主编，上海汉语大词典出版社：2002年4月第1版 。

17.《中国地图册》许美瑜编辑，中国地图出版社编制出版：1992年10月第8版。

18.《生命的密码》邹文雄主编，中医古籍出版社：2000年10月第1版。

19.《最新实用世界地图册》李绍明主编，中国地图出版社：1994年6月第1版。

20.《文化符号学》龚鹏程著，上海人民出版社：2009年1月第1版。

21.《河图洛书探秘》王永宽著，河南人民出版社：2006年4月第1版。

22.《生态伦理与生态美学》章海荣编著，復旦大学出版社：2005年3月第1版。

23.《易经的奥秘》曾仕强著，陕西师范大学出版社：2010年1月第一版

24.《汉字的起源》王显春著，中华学林出版社，2002年5月出版

25.书中部分插图来自于百度网站

无极　　太极

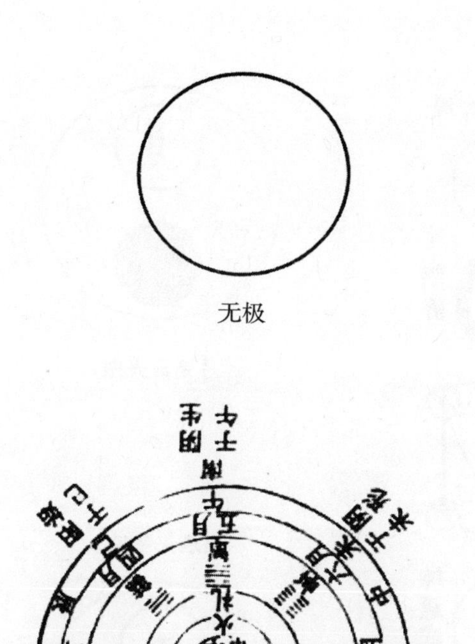

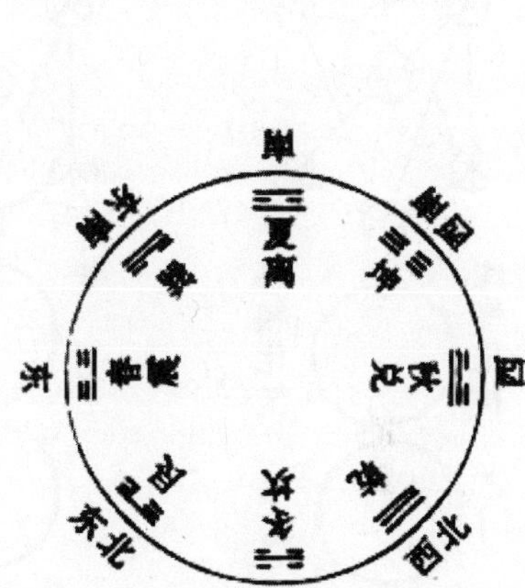

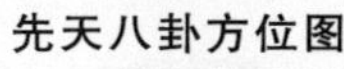

先天八卦方位图

后天八卦方位图

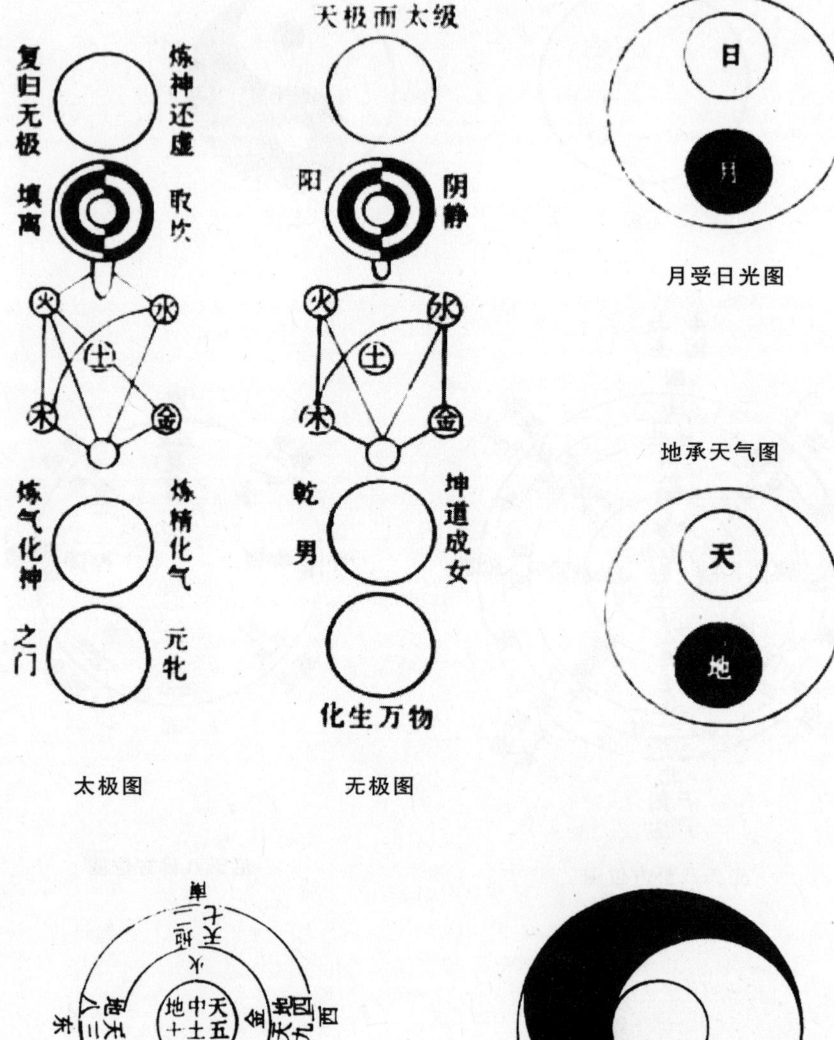

太极图

无极图

月受日光图

地承天气图

五行生成图

来知德太极图

伏羲八卦方位图

伏羲八卦次序图

屯蒙

即济未济

207

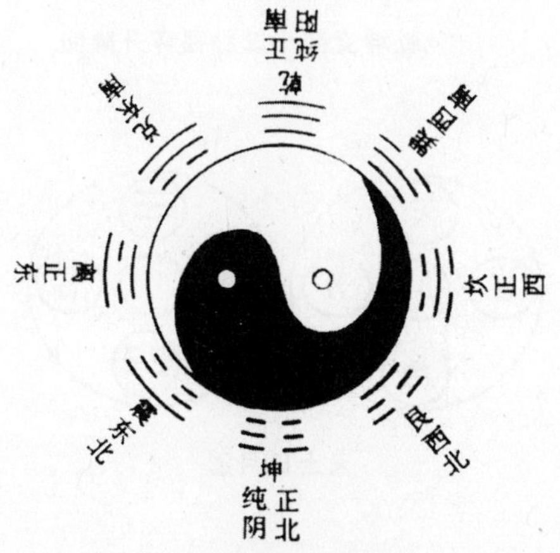

天地自然之图

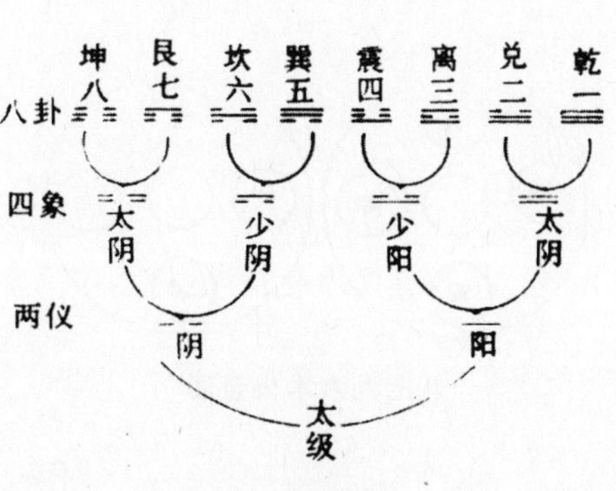

八卦生成图

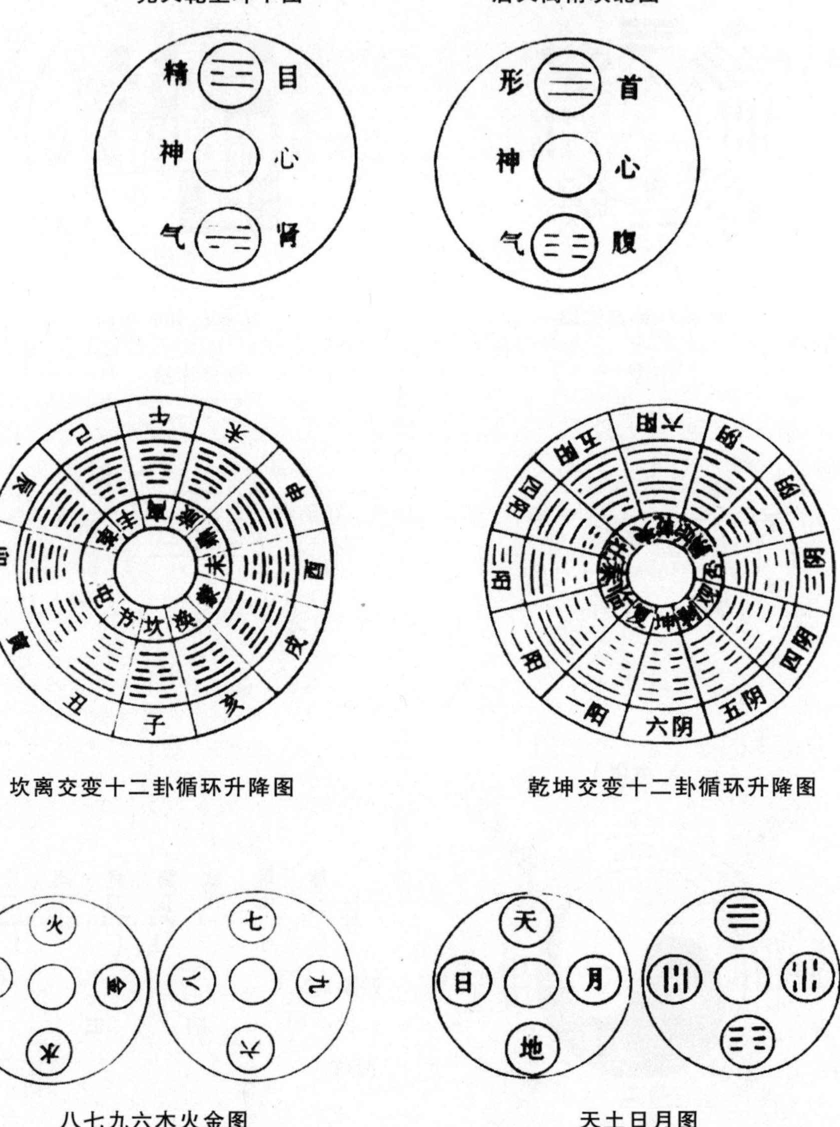

先天乾上坤下图　后天离南坎北图

坎离交变十二卦循环升降图　乾坤交变十二卦循环升降图

八七九六木火金图　天土日月图

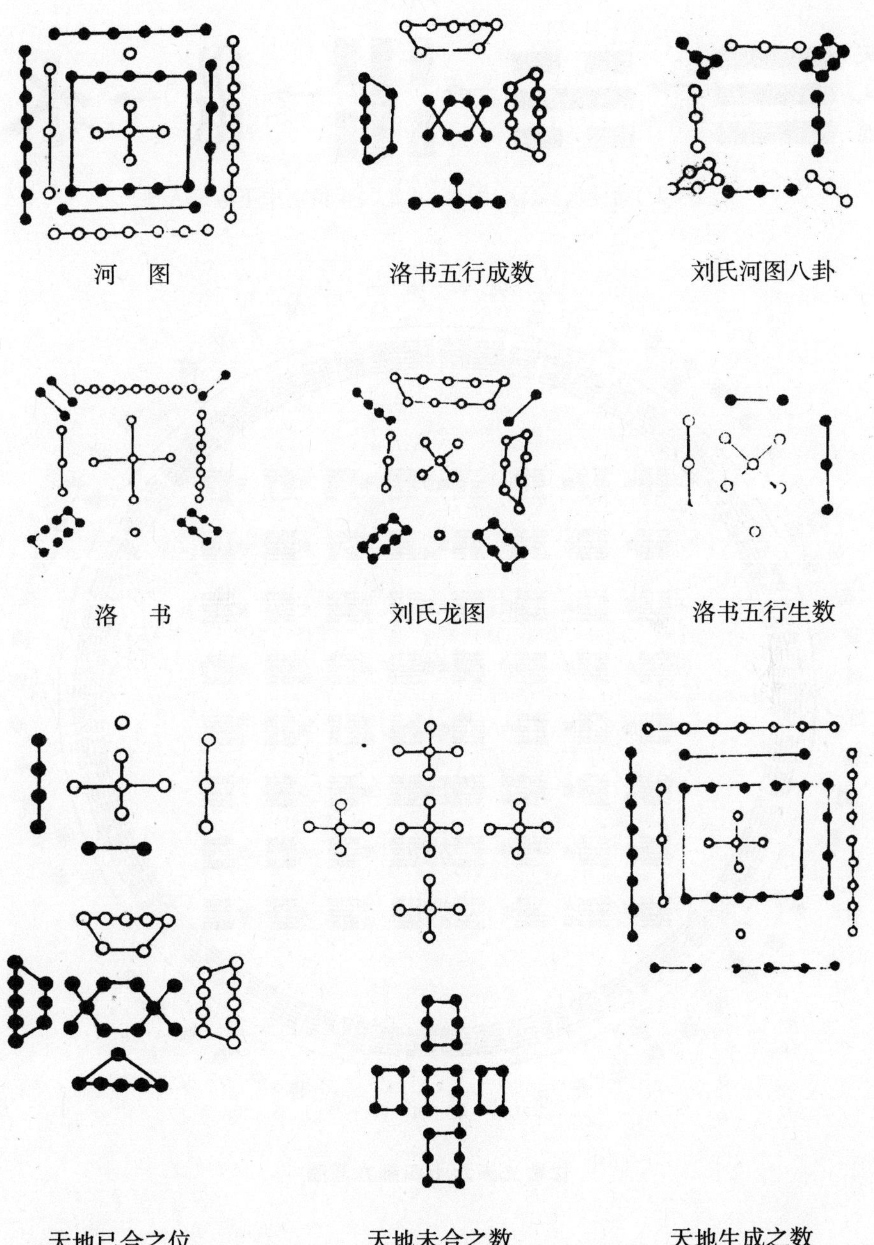
河　图
洛书五行成数
刘氏河图八卦
洛　书
刘氏龙图
洛书五行生数
天地已合之位
天地未合之数
天地生成之数

天
人
地
水

乾卦(天)动变坎卦(水)即水为“龙”,爻位上中下应天人地

210

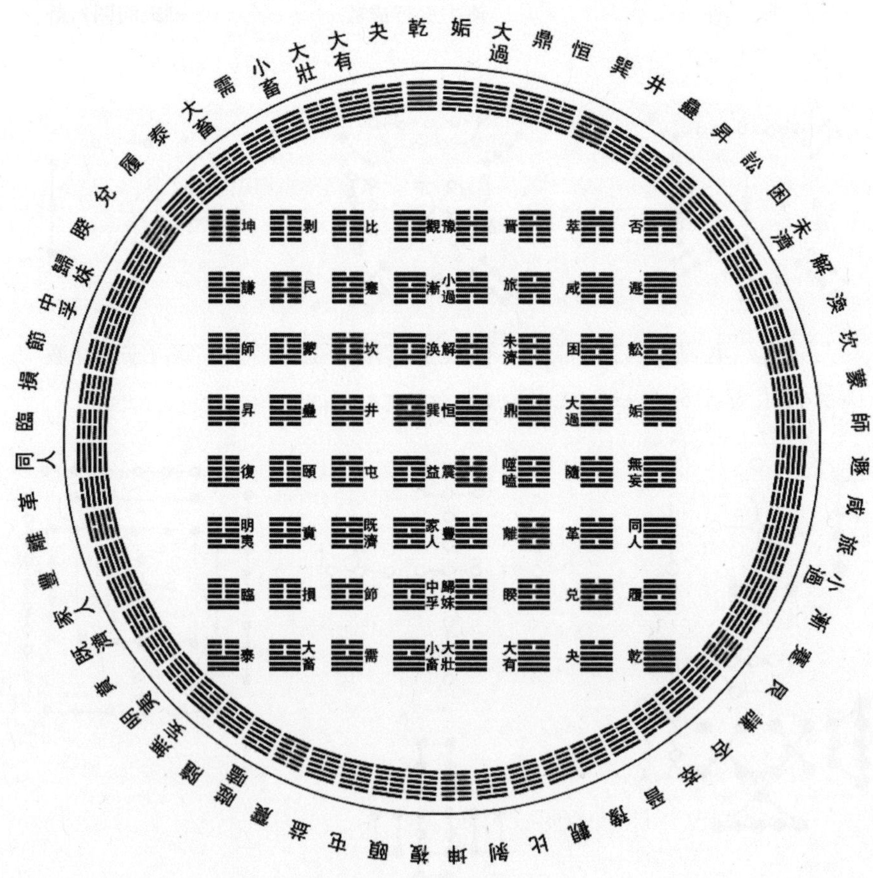

优羲先天六十四卦方圆图

图书在版编目(CIP)数据

太极文化与中华龙文化的历史渊源 / 周石松编著.—南昌:江西人民出版社,2014.12

ISBN 978-7-210-06887-7

Ⅰ.①太… Ⅱ.①周… Ⅲ.太极-文化研究-中国 ②龙-民族文化-研究-中国 Ⅳ.①B221.5 ②B933

中国版本图书馆 CIP 数据核字(2014)第 293425 号

太极文化与中华龙文化的历史渊源

作　　者:周石松 编著

责任编辑:关　科

出版发行:江西人民出版社

　　　　　(南昌市三经路 47 号附 1 号　邮编:330006)

发 行 部:0791-86898815

编 辑 部:0791-86898860　E-mail:guanke1982@163.com

2014 年 12 月第 1 版　2014 年 12 月第 1 次印刷

开　　本:787 毫米×1092 毫米　1/16

印　　张:14

字　　数:180 千字

书　　号:ISBN 978-7-210-06887-7

赣版权登字 -01-2014-833

定　　价:58.00 元

承　　印:南昌市红星印刷有限公司